VON MENSCHEN
UND MEER

Sven Sturm

VON MENSCHEN UND MEER

auf Amrum, Föhr und den Halligen

Verlag Jens Quedens
Insel Amrum

VORWORT

Heimat war das erste Wort, das von mir kaum bemerkt, in mein Bewusstsein schwamm, als ich Sven Sturms Buch las und auf seine Fotos schaute. „Von Menschen und Meer" ist ein still wirkendes, intensives Portrait der Nordfriesischen Inseln. Eine der Inseln ist Amrum. Dort lebt und arbeitet Sven Sturm, in seiner Heimat. Und Amrum war der Kosmos meiner Kindheit. Ich lebe in Hamburg. Ich habe zwei Heimaten.

Ein still wirkendes Portrait, will sagen, Sven Sturm erzählt von alltäglichen Menschen bei ihrer alltäglichen Arbeit auf oder am Meer. Aber es ist nicht das Was, das hier wirkt, es ist das Wie. Wie unauffällig geschickt er uns sagt, dass er die Menschen auf und am Meer bei ihrer Arbeit begleitet und nie den Eindruck entstehen lässt, eigentlich schreibe er ein Selbstportrait.

Seine Sprache ist pragmatisch, ein Arbeitsbericht. Sie führt uns an Bord, wenn er auf einen Tonnenleger geht, sie macht aus der Crew unsere Bekannten. Sie lässt uns in unseren eigenen Knochen spüren, welche Anstrengung es kostet, eine Tonne von einem Schiff aus auf einen geografisch exakt bestimmten, festen Punkt setzen zu müssen. Das Meer ist immer in Bewegung und mit ihm das Schiff und mit dem Schiff das schwere Gerät und die dicken Eisenketten und die mächtige Tonne. Und wir Leser fühlen, welche körperliche Kraft und welche Aufmerksamkeit es die Männer kostet, vom Gerät nicht erschlagen zu werden. Und nebenbei kriegen wir mit, dass es eine Frau ist, die von der Brücke aus den Männern sagt, wann sie den Betonklotz fallen lassen müssen, damit der den unverrückbaren, unsichtbaren Punkt trifft. Nur dann schwimmt die Tonne, mit ihrer Kette am Klotz hängend, an genau der Stelle, von wo aus sie den Schiffen den Weg weisen kann. Ohne Tonnenleger keine Tonne, ohne Tonne fände die Fähre im flachen Watt kaum zu den Inseln. Denn das Watt ist ständig in Bewegung. Eine heutige Fahrrinne kann in ein, zwei Jahren zugespült sein. Aber ohne Fähre keine Touristen, usw.…

Bewegung mag das Thema sein, das den Boden bildet, auf dem Sturm seine Berichte über die Insulaner verankert, die er zu unseren Bekannten macht.

Da sind die Männer vom Seenotrettungskreuzer, die bei jedem Wetter raus müssen, wenn es gilt Leben zu retten, da ist die Ärztin, die gegen ihre

VORWORT 5

Angst kämpfend vom Hubschrauber auf einen Fischkutter abgeseilt wird, aber auch der fröhliche Segler, der mit Jugendlichen zwischen Amrum und Föhr Regattastrategien trainiert. Oder auch die Meereswissenschaftlerin, die nachts durch Tümpel watet, um Kröten zu finden. Immer in Bewegung.

Das Eigentliche des Buches sind die Fotos von Sven Sturm. So meisterhaft und heutig hat keiner auf Amrum Arbeit fotografiert. Und dass er noch viel mehr kann, sieht man auf einem Foto, mit dem er eine Küstenseeschwalbe in eine ästhetische Sensation verwandelt. Was ich meine, ist mit Worten schwer zu fassen. Das muss man einfach sehen. Wie Sturm eine Lore zwischen Oland und Dagebüll, winzig, verloren unter einem gewaltigen Nachthimmel, zu einem Bildmittelpunkt macht. Großartig!

Aber ein Sternenhimmel allein ist keine Heimat. Heimat ist für mich ein Gefühl. Und weil ich ein Gruppentier bin, ist es ein Gefühl, das ich mit anderen teile. Einsiedler mögen darüber anders denken. Heimat ist der Wertekanon einer Gruppe, der neben vielen anderen gespeicherten Erfahrungen und Erkenntnissen unser Handeln bestimmt. Das macht das Buch von Sven Sturm so sinnfällig. Und weil Heimat gespeicherte Gruppenerfahrung ist, ist das Gefühl für und von Heimat ständig in Bewegung. Wir speichern täglich neue Erfahrung. Und wir verändern vielfach unsere Umgebung und Lebensmittelpunkte. Wir erwerben und erfahren mehr oder weniger stark immer wieder neue Heimat. Das ist für mich der innere Text dieses Heimatbuches. Fünf von den Insulanern, die Sturm bei der Arbeit in ihrer Heimat portraitiert, kommen vom Festland. Und ich wiederum kam von der Insel nach Hamburg, aber Amrum ist meine Heimat geblieben. Ich hab eine zweite dazu gewonnen.

Zu guter Letzt: Sven Sturm ist in Berlin geboren, war Ingenieur bei Leica Camera und ist heute Lehrer an der Öömrang Skuul, der Amrumer Schule.

Hamburg 2019,

Hark Bohm, Schauspieler, Drehbuchautor, Filmregisseur, Produzent und emeritierter Professor für Film am Institut für Theater, Musiktheater und Film der Universität Hamburg.

INHALT

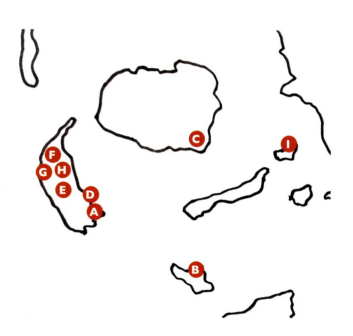

	Vorwort von Hark Bohm	4
A	Tonnenleger „Amrumbank"	8
B	Kutscherin Eilien	26
C	Seglertrainer und Werftbesitzer Steffen	36
D	Seenotrettungskreuzer „Ernst Meier-Hedde"	52
E	Inselärztin Claudia	76
F	Die Naturschützer vom Öömrang Ferian	88
G	Sina, Studentin der Meereswissenschaften	104
H	Fahrradverleiher und Windsurfer Nils	118
I	Claudia und Jürgen von Hallig Oland	130
	Danksagung	142

TONNENLEGER „AMRUMBANK"

Die Besatzung des Spezialschiffs sorgt für Verkehrssicherheit im nordfriesischen Wattenmeer

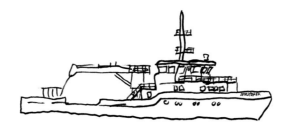

Frühmorgens an einem Spätoktobertag, die Sonne ist noch längst nicht aufgegangen, ist schon geschäftiger Betrieb auf der Mole im Seezeichenhafen von Amrum zu beobachten. Ein Gabelstapler bringt frisch lackierte Fahrwassertonnen zu einem Spezialschiff, dem Tonnenleger „Amrumbank". Sie werden von einem bordeigenen Kran aufs Schiff gehievt und man sieht einige Männer in Ölzeug, die die Tonnen routiniert auf dem großen Arbeitsdeck verstauen. Der heutige Auftrag: Die Fahrwassertonnen der Hafeneinfahrt von Langeneß sollen gegen Wintertonnen getauscht werden. Dies sind schlanke Tonnen, die auch bei Eisgang ihre Position halten und unempfindlicher gegen Eisschollen sind.

Auf der Kommandobrücke, die dem Steuerstand eines Raumschiffes gleicht, trifft man Ingo und Lena. Ingo ist der Kapitän des Schiffes und fährt schon sehr lange zur See. Angefangen hat bei dem Föhrer alles damit, dass der Vater seiner damaligen Freundin ihm einen Arbeitsplatz als Decksmann auf einem Muschelkutter angeboten hatte. „Das hat mir so gut gefallen, dass ich nach zwei Jahren an Deck dann mein Fischereipatent

Links: Mit dem bordeigenen Kran werden morgens die zu wechselnden Tonnen auf die „Amrumbank" gehievt

Rechts: Kapitän Ingo auf der Kommandobrücke

gemacht habe und einen Muschelkutter in der gleichen Firma übernehmen konnte. Auf See läuft alles etwas entspannter als an Land. Du hast eine übergeordnete Aufgabe, nämlich die Pflege und Aufzucht der Saatmuscheln und die Erhaltung der Muschelkulturen, so wie ein Landwirt auch seinen Acker pflegen muss, nur eben unter Wasser. Wie du das anstellst, ist dann deine Sache und man hat entsprechende Handlungsfreiheiten. Am Ende zählt nur der Ertrag." Nach 16 Jahren als Kapitän auf einem Muschelfischer und einem kurzem Versuch in der Krabbenfischerei landete er beim Wasserstraßen- und Schifffahrtsamt auf Amrum. An die Wochenendbeziehung haben Ingo und seine Frau sich gewöhnt. „Das hält die Beziehung frisch und man freut sich, am Wochenende nach Hause zu kommen", schmunzelt Ingo.

Neben dem Kapitän Ingo findet man noch die junge Frau Lena auf der Kommandobrücke. Sie ist die Steuerfrau der „Amrumbank" und organisiert die Tonnen, d.h. sie gibt Ingo die genaue Position der anzufahrenden

Seite 12: Lena sucht die nächste anzusteuernde Position auf der digitalen Seekarte heraus

Seite 13, oben: Mit viel Fingerspitzengefühl steuert Ingo die „Amrumbank" an die genaue Position für die Arbeiten an den Seezeichen

Seite 13, unten: An der Tonne angekommen, steuert der Kapitän das Spezialschiff von einem weiteren Steuerstand mit Blick nach achtern

Bootsmann Thomas alias „Dorschi" und Felix reinigen eine Fahrwassertonne

Die Nordsee und die Tonnenreinigung hinterlassen
Spuren auf der Tonnenoberfläche

Mit solchen Schäkeln wird die Kette an der Tonne befestigt

TONNENLEGER 17

Das Arbeitsdeck der „Amrumbank"

Seite 18: Der Azubi Nigg und Thomas arbeiten an den Tonnen, während im Hintergrund Kranführer Jochen auf seinen Einsatz wartet

Seite 19, links: Zum Öffnen eines lange im Salzwasser gebadeten Schäkels braucht Felix Kraft und einen großen Hammer

Seite 19, rechts: Nach dem Anfahren der genauen Position ertönt ein Hupton, und Felix löst mit einem Hammer die Halterung für den Ankerstein der Tonne, der dann ins Wasser fällt, während Fetja die Tonne mit einem Seil kontrolliert

Tonnen und teilt den Seeleuten auf dem Arbeitsdeck mit, ob die Tonne getauscht, die Kette gewechselt oder die Tonne gesäubert werden soll. Hilfe für diese Arbeit bekommt sie von der EDV, denn jede der 327 Tonnen, für die die „Amrumbank" zuständig ist, befindet sich mit aktuellem Wartungszustand in einer Datenbank in Lenas Computer an Bord. Wie kam Lena zur Seefahrt? Sie hat nach dem Abi nicht so recht gewusst, wie es weitergehen soll. Auf einer Berufsmesse hat sie das Studium der Nautik interessiert und sie fand gut, dass das Studium mit einem halbjährigen Praktikum beginnt: „Das kann man sich ja erstmal angucken und dann weitersehen." Während des Praktikums auf einem großen Containerschiff war sie im Mittelmeer, an der Ostküste der USA und in Südamerika unterwegs. Es hat ihr gut gefallen und sie hat weitergemacht. Ihr Chef, Kapitän Ingo, freut sich, dass Lena an Bord der „Amrumbank" arbeitet: „Sie ist sehr freundlich und gut integriert. Ich vertrau ihr voll, sie wird bald auch mal an- und ablegen üben, dann vertraue ich ihr mein Schiff an! Das

Auch wenn diese Tonne im Verhältnis zu Felix schon riesig wirkt, werden noch deutlich größere Tonnen von der „Amrumbank" betreut

ist nicht nur mein Arbeitsgerät, ich bin mit meinem Schiff verwachsen. Es ist kein Gerät, was mich nichts angeht, mich geht an Bord alles an. Man muss das Schiff mit Respekt behandeln, damit meine ich nicht, dass die ganze Zeit mit einem Putzlappen um mich herum scharwenzelt wird."

So, die 1020PS haben das 44,5m lange und 531 Tonnen verdrängende Schiff mit gemütlichen zehn Knoten in das Fahrwasser von Langeneß geschoben. Vor fünf Minuten hat Ingo seiner Mannschaft über Lautsprecher Bescheid gegeben, damit sie in ihr Ölzeug und ihre Gummistiefel steigen und sich auf dem Arbeitsdeck versammeln. Die erste Tonne wird nun von Ingo vorsichtig angefahren. Kranführer Jochen bringt den Haken des Bordkrans mit viel Fingerspitzengefühl an die richtige Position. „Wenn das Schiff schaukelt, ist das komplizierter und ich muss gucken, dass die Leute aus dem Weg sind", meint Jochen noch trocken. Fetja, der für die Antriebsmaschinen verantwortliche Motorenwart der „Amrumbank", muss auch auf dem Arbeitsdeck wie die anderen mit anpacken und bringt

Die „Amrumbank" verlässt das geschützte Wattenmeer und steuert die offene Nordsee an. Nigg überprüft die Verzurrungen auf dem Arbeitsdeck.

Links: Zwischen den Einsätzen an den Seezeichen bleibt Zeit für das Säubern der Schutzbrille

Rechts: Felix ruht sich kurz aus, während er auf seinen Einsatz an der nächsten Tonne wartet

den Haken an der Fahrwassertonne an. Sofort zieht der Kran die Tonne nach oben und schleift die Kette mit lautem Gepolter in eine Arretierung, so dass die Tonne ohne Zug auf der Kette auf das Arbeitsdeck niedergelassen werden kann und der Ankerstein der Tonne über dem Meeresgrund „schwebt". Felix und der Auszubildende Nigg geben der Tonne an Seilen eine Führung, während Jochen den Kran an die richtige Stelle schwenkt. Hier wartet Fetja auf die Tonne und hilft Felix und Nigg beim vorsichtigen Hinlegen der übermannsgroßen Tonne. Bootsmann Thomas, der Chef vom Arbeitsdeck, hat bis eben zugeschaut und darauf geachtet, das alles glatt läuft. „Wenn sie auf mich hören, kriege ich den Ablauf in den Griff", schmunzelt Thomas, der von seinen Jungs eigentlich nur „Dorschi" genannt wird. Nun geht er zur eben aus der Nordsee geholten triefend nassen und bewachsenen Tonne und entfernt den Schäkel der Ankerkette. Er schlägt mit einem beeindruckenden Hammer auf einen schweren rostigen Schäkel ein. Mal geht es schnell, ein anderes Mal ist der Schäkel besonders widerspenstig und gibt erst nach minutenlangem Gehämmere nach. Die Kette ist los! In der Zwischenzeit haben die anderen die Wintertonne, die die eben aufs Deck geholte Fahrwassertonne ersetzen soll, mit dem Kran zur nun tonnenlosen Kette geholt. Thomas bringt die armdicke Stahlkette an der Wintertonne an. Sobald dies geschehen ist, hört man das Surren des Krans und die Tonne schwebt zu ihrem Bestimmungsort außenbords. Die Tonne schwimmt schon auf und hängt noch am Haken. Nach dem lauten Krangesurre und dem Herumgehämmere wird es kurz still. Die Kette ist immer noch in der Arretierung und hält den Ankerstein der Tonne über Grund. Ingo fährt das Schiff genau an die Position, die Lena ihm genannt hat. Wenn der Ankerstein der Tonne haargenau über der richtigen Stelle schwebt, ertönt ein Hupton und einer der Seeleute löst die Arretierung der Kette, welche jetzt mit Radau vom Ankerstein auf den Meeresgrund gezogen wird. Nun kann auch die Tonne vom Kranhaken genommen werden und das Schiff kann zur nächsten Tonne fahren.

Links: Auch das Quermarkenfeuer in den Amrumer Dünen ist ein verlässliches Seezeichen und wird vom Wasserstraßen- und Schifffahrtsamt betreut

Rechts: Die „Amrumbank" im Seezeichenhafen

Was mich an der gesamten Prozedur beeindruckt hat, war die Präzision und Leichtigkeit, mit der diese schweren Tonnen an Bord gehandhabt wurden und die eingespielte Teamarbeit: Jeder stand an der richtigen Stelle und wusste sofort, was wann zu tun war und zwar ohne viele Worte.

Auf der Fahrt zur nächsten Tonne kehrt Ruhe auf dem Arbeitsdeck ein und man atmet noch mal durch oder putzt seine Schutzbrille, bevor es gleich wieder rund geht. Aber heute ist nach der zweiten Fahrwassertonne Schluss. Die Gezeiten der Nordsee sorgen für zu niedrige Wasserstände, um die Tonnen gefahrlos anzufahren, eine Kollision mit dem Ankerstein eines Seezeichens könnte übel enden. Ingo hatte schon geahnt, dass das Wasser knapp werden würde, aber heute lief das Wasser besonders schnell ab. Bis das Wasser wiederkommt, soll die Wartezeit sinnvoll genutzt werden, es wird zur Tonne „Schmaltief 16" gefahren. Ein Fischer hat gemeldet, dass sie tief im Wasser liegt. Ingo unterrichtet seine Mannschaft kurz. Durch ihre Erfahrung wissen sie, dass sie dadurch heute mindestens drei Stunden länger arbeiten müssen und trotzdem machen sich die Seeleute ohne den geringsten Kommentar daran, die Tonnen auf dem Deck für die Fahrt auf die offene Nordsee festzuzurren. Die schauklige Kontrollfahrt ergibt, das „Schmaltief 16" eine zu kleine Tonne ist, um die an dieser tiefen Stelle benötigte lange und dadurch schwere Kette zu tragen. Eine Notiz in der Datenbank wird bei Gelegenheit dafür sorgen, dass „Schmaltief 16" gegen eine größere Tonne getauscht wird. Um Brennstoff zu sparen, wird mit kleiner Fahrt zum Fahrwasser von Langeneß zurückgekehrt. Die verbleibende Wartezeit auf das zurückkehrende Wasser wird vor Anker zugebracht, um auch die Umwelt zu schonen. „Schmeiß keine Maschine an, wenn es nicht unbedingt Not tut", hat Ingo von seinem Lehrer in Maschinenwesen auf der Seefahrtsschule gelernt. Die Ankerliegezeit verbringt die Mannschaft in der Messe, einem gemütlichen und gepflegten Aufenthaltsraum. Auch hier kann man wie beim Arbeiten an Deck spüren, dass die Schiffsbesatzung sich gut versteht, man hört einige Scherze und es wird viel gelacht.

Als das Wasser wieder genügend hoch aufgelaufen ist, wird der Anker gelichtet und weitere Fahrwassertonnen werden gegen Wintertonnen getauscht. Anschließend kehrt die „Amrumbank" in den Heimathafen Wittdün zurück und Ingo legt das Schiff in gewohnt sanfter Weise an die Mole (man muss schon besonders aufmerksam sein, wenn man beim Anlegen kleinste Erschütterungen spüren möchte). Nachdem die alten Tonnen von der Mannschaft mit dem Kran auf die Mole gehievt wurden, verabschiedet sich einer nach dem anderen mit einem „tschüß" und geht mit seinem Rucksack von Bord.

KUTSCHERIN EILIEN

Mit Pferd und Wagen auf Hallig Hooge

KUTSCHERIN EILIEN

Eilien ist mit 24 Jahren die jüngste und außerdem die einzige Frau in ihrem Gewerbe auf Hallig Hooge. Ihr Job? Sie ist Halligkutscherin.

Sie fährt Tagesgäste von den Ausflugsschiffen zu den Sehenswürdigkeiten der Hallig, wie die idyllische Halligkirche, den historischen Königspesel, das Sturmflutkino oder einen Kaffee und Kuchen auf der Backenswarft. Aber mindestens genauso wichtig wie der Transfer zu den Hot Spots der Hallig ist die pünktliche Rückfahrt zum Anleger, wenn man das passende Schiff nach Hause bekommen will. Aber so schnell kann man sie und ihre Tätigkeiten nicht beschreiben. Also der Reihe nach:

Eilien ist auf Hallig Hooge mit drei älteren Brüdern aufgewachsen und lernte so schon früh, sich auch unter Männern zu behaupten. Geboren ist sie übrigens in Husum, weil es zum Zeitpunkt ihrer Geburt keine Hebamme mehr auf Hooge gegeben hat. Die Eltern führen eine gemütliche Frühstückspension und sind auch in der Landwirtschaft tätig. Die Mutter war auch Halligkutscherin und so kam es, dass Eilien schon mit dem Schnuller im Mund auf Mamas Schoß auf dem Kutschbock gesessen hat. Vielleicht ist da auch ihre Liebe zu den Tieren entstanden. Denn jeder, der Eilien beobachtet, stellt fest, dass immer, wenn sie mit Tieren zu tun hat, ihre Augen zu leuchten anfangen.

Links: Eilien holt zwei ausgeruhte Pferde für die Arbeit vor der Kutsche von der Weide

Rechts: Im Stall werden die Pferde gestriegelt

Eilien ging auch auf Hooge zur Schule, wo sie vier Jahre lang das einzige Mädchen war. Das kann man nur verstehen, wenn man die Schulgröße kennt. Die Schule hat typischerweise weniger als insgesamt zehn Schüler und nur eine Lehrerin. Eilien erinnert sich noch gerne an eine Klassenfahrt, die gemeinsam mit den Schulen von den Nachbarhalligen nach Schottland ging.

Nach ihrem ersten Schulabschluss hat sie auf dem Festland ihren Realschulabschluss, den man in einer Halligschule nicht ablegen kann, nachgeholt. Als sie ihre Ausbildung zur Hotelfachkraft beendet hatte, stand für sie fest, dass sie Halligkutscherin werden will. Sie würde nur gerne noch einen Mann finden, der da mitmacht. Wenn sie in zwei Jahren noch keinen haben sollte, wird ihre Freundin sie bei „Bauer sucht Frau" anmelden und spätestens dann sollte dieses Problem gelöst sein. Solange sie ungebunden ist, nutzt sie die entsprechenden Vorteile. Für den nächsten Winter bereitet sie gerade einen „Work and Travel"-Aufenthalt auf einer australischen Ranch vor.

Einen Kutschenführerschein mit praktischer und theoretischer Prüfung hat sie längst. Ihre Antwort auf die Frage, warum sie diese Arbeit so mag: „Gerne unterstütze ich meine Eltern, aber es macht auch großen Spaß. Im Sommer kriegt man viel mit und lernt viele Leute kennen. Nicht immer, aber meistens sind sie nett, zur Not hat man ja noch die Nordfriesenschnauze."

Links: Ein beliebter Anlaufpunkt für die Kutschen auf Hallig Hooge: die Kirchwarft

Rechts: Hallig Hooge aus der Perspektive von Eilien

Links: Eilien und ihre Kutsche auf dem Weg zum Fähranleger von Hallig Hooge

Rechts: Mit diesen Lederriemen steuert Eilien die Kutsche

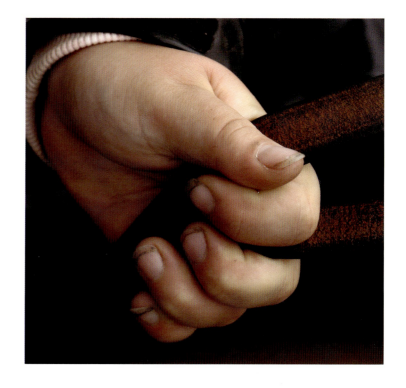

Spricht man Eilien auf die Konkurrenz an, denn immerhin gibt es noch zwei weitere feste Halligkutscher und gegebenenfalls Saisonkutscher, reagiert sie so: „Wir sind zwar alle Konkurrenten, aber wenn es drauf ankommt, halten wir immer zusammen. Dann wird brüderlich geteilt, egal wie voll welche Kutsche ist. Am Hafen kann man nicht immer beeinflussen, wer in welche Kutsche einsteigt. Die Touristen steigen einfach in die nächste Kutsche. Wir versuchen aber, die Gäste möglichst gut zu verteilen, weil wir dann Pferde schonend fahren können. Wir nennen uns auch die drei Musketiere. Es ist eher ein Miteinander als ein Gegeneinander."

Mit dem Fahren der Kutsche ist es in ihrem Beruf aber noch nicht getan. Die liebevolle Pflege der Pferde und das Anlegen des Geschirrs im Stall gehören genauso dazu wie das Holen und Zurückbringen der Pferde von und zur Weide. Sind der Haflinger Cäsar und die Norwegerin Fara frisch an die Kutsche gespannt, spitzen sie schon aufmerksam die Ohren. Sie warten auf das „come on" von Eilien, welches sie von ihrer Mutter übernommen hat. Dies ist ihr Zeichen, dass sie endlich loslaufen können und man merkt den Pferden die Freude am Arbeiten an. Je voller die Kutsche besetzt ist, desto tiefer und lauter wird das „come on" von Eilien ausgerufen und die Pferde erfahren so, wie stark sie anziehen müssen.

Mit viel Geduld treibt Eilien die Schafe
auf eine andere Wiese

Die Pferde können aber nicht nur eine Kutsche ziehen, sondern auch medizinisch Gutes tun. Vor einiger Zeit hat eine Mutter während ihres Kuraufenthaltes auf Amrum mit ihrer an Neurodermitis leidenden Tochter einen Ausflug nach Hooge gemacht. Bereitwillig hat Eiliens Mutter ihr während eines Kutschhaltes ein bisschen frische Stutenmilch gemolken. Nachdem das Einreiben mit der Stutenmilch so gut geholfen hat, hatte sich die Mutter von Amrum gemeldet und um Nachschub gebeten, der dann auch mit dem nächsten Schiff von der Hallig zur Insel übermittelt wurde.

Mit einem Schmunzeln auf den Lippen weiß Eilien auch zu berichten, dass ihr bei ihren Fahrten mit Schulklassen vor allem eines auffällt. Die Schüler sind immer rechtzeitig zurück an der Kutsche, natürlich auch, weil sie die Pferde noch mal streicheln wollen, während die Lehrer gerne erst nach dem verabredeten Zeitpunkt zurückkommen. Dann kann es schon mal sein, dass sie ein kleines Stück vorfährt und sich an den hinterherhetzenden Lehrern erfreut.

Nicht nur bei den Pferden, sondern auch bei den Kühen und Schafen vom elterlichen Hof packt Eilien mit an. Bei den Suffolk-Schafen kann die Zahl der jungen Böcke für den landwirtschaftlichen Betrieb zu groß werden. Dann müssen sie bei ruhiger Straßenlage, also spätnachmittags, wenn die meisten Ausflugsschiffe wieder abgelegt haben, von der Weide zu einer Wiese in der Nähe des Anlegers getrieben werden, damit sie mit dem nächsten Schiff zum Schlachter transportiert werden können. Auch bei dieser Arbeit kann man Eilien dabei beobachten, wie sie diese mit viel Geduld und Schafsverständnis ausführt. Selbst wenn es ganz wild und überraschend regnet und sie keine wetterfeste Kleidung trägt, gewährt sie ihren Schafen gerne viele Pausen mit einem kleinen grünen Snack am Wegesrand.

SEGELTRAINER UND WERFTBESITZER STEFFEN

Er betreut den jugendlichen Seglernachwuchs auf Föhr und Amrum
und baut wunderschöne Segelboote wie die Piraten-Jolle

Links: Ein von der Bootswerft Hein gebauter Pirat auf der Norderaue vor Föhr

Rechts: Duell zweier Piraten unter Spinacker

Früher hat Steffen in Hamburg eine Firma für Beschallungstechnik geführt. Seine Kunden waren Reedereien von Kreuzfahrtschiffen, Theater, Kongresshallen, die Expo 2000 in Hannover und die Olympiade 2004 in Athen. Heute führt Steffen die kleine aber renommierte Bootswerft Hein in der Nähe von Hamburg. Wie es dazu kam, ist eine längere Geschichte. Hier der Versuch einer Kurzform:

Steffen wohnt auf Föhr und ist Segler. Er engagiert sich für den Seglernachwuchs und stellte fest, dass es keine vernünftigen Boote für heranwachsende Segler auf Föhr gab. Nachdem die Jugendlichen mit spätestens 14 Jahren nicht mehr in die kleine Optimisten-Jolle passten, war Schluss. Er informierte sich bei seinem Freund Frank Schönfeldt. Frank ist 33facher!!! Deutscher Meister in verschiedenen Bootsklassen, er sollte Bescheid wissen. Was Steffen nicht ahnen konnte, Frank war befangen. Frank ist verliebt in den Piraten, eine 1938 entwickelte Bootsklasse und damit im Segelsport uralt. Dementsprechend fiel Steffens Reaktion aus: „Nö, in hundert Jahren nicht!" Er konnte sich Piraten-Jollen als Begeisterungsmagnet für seine Jugendlichen nicht vorstellen, zu gut erinnerte er sich noch an seine eigenen Frusterlebnisse auf einem alten Holzpirat. Aber Frank lud Steffen nach Hamburg zum Pirat-Segeln ein. Es kam, wie es kommen musste. Steffen ist nun auch verliebt: „Der Pirat läuft Höhe wie verrückt, für uns total wichtig, um gut gegen den Wind und den Gezeitenstrom kreuzen zu können. Man hat ein total sicheres Gefühl. Das in rauer See reinkommende Wasser läuft durch die selbstlenzende Konstruktion von alleine wieder raus, da half bei meinem alten Holzpirat nur eine Pütz (Pütz ist ein mit der Hand mühsam zu bedienendes Schöpfgefäß). Wenn man abfällt, kann man den Spinacker setzen und somit die Segelfläche verdoppeln, und das Boot fängt an zu gleiten. Alles ist geil."

Seit Steffen die aus den Optimisten-Jollen Herausgewachsenen betreut, gibt es auf Föhr Piratsegler. Er berichtet begeistert: „Es macht unheimlich Spaß. Die leuchtenden Augen, da wächst was zusammen. Wir haben ganz viel gemacht, sind nach Hallig Hooge oder Amrum gesegelt. Wir kamen bei Sylt raus, es knallte, der Wind wehte gegen den Strom

Links: Segelstar Frank (links) und Steffen (rechts) im Büro vom Chef

Rechts: Wasserscheu sollte man auf kleinen Segelbooten nicht sein

und machte so eine besonders steile Welle. Ich rief noch rüber: ‚Das kann man nur mit dem Piraten machen.' Solche gemeinsamen Erlebnisse führen zu einem großen Zusammenhalt. Wir haben Heiligabend in der Halle gestanden und Boote geschliffen. Viele sind inzwischen älter und helfen immer noch, wenn eine Hand gebraucht wird." Steffen freut sich über alle, die mitgeholfen haben. Er lässt die Boote so pflegen, dass sie auch von den Nachfolgern mit Spaß gesegelt werden können. Nach dem Segeln werden die Boote sauber gemacht und trocken gewischt. Seine Segler haben inzwischen erfahren, dass es trocken und steffentrocken gibt. Dank der Sponsoren Peter Potthoff-Sewing und Uwe R. Ahrenkiel ist es auch gelungen, neue Boote und die Jugendhalle zu finanzieren.

Fragt man seinen Freund Frank, wie er Steffens Jugendarbeit beschreiben würde, sagt er: „Er war immer da, hat sich ein Bein ausgerissen. In Trainingslagern oder während der Regatten war er morgens der Erste und abends der Letzte. Das macht es aus! Gut, dass er seinen Jugendlichen viele Regatten ermöglicht. Jede Regatta ist wichtiger als Training. Du musst die Manöver machen, wenn die Tonne da ist, nicht wenn die Bö vorbei ist oder genügend Platz da ist, sondern jetzt! Regattasegeln ist auch ein Stück Seemannschaft."

Wie ist Frank eigentlich auf den Piraten gekommen? „Ich war ein richtig guter Fußballspieler, bei Komet Blankenese. Ich war Nummer 9," erzählt Frank lachend. „Dann kam ich ans Gymnasium. In der ersten Reihe schliefen in Latein immer zwei Schüler. Mich hat interessiert, warum sie so müde waren. Ihre Antwort: ‚Wir segeln Pirat. Komm doch mal mit.' Normalerweise musste ich um acht Uhr oder wenn die Lampen angingen zuhause sein. Wenn ich gesagt habe, ich gehe segeln, habe ich noch 20 Mark gekriegt und es war schön. Und das Segeln war dann richtig fein! Der Pirat ist ein taktisch anspruchsvolles Boot und das einzige, das ich mir leisten konnte. Mein erstes Boot hat 600 Mark gekostet und hieß ‚Hämorride'. Ich wurde besser und irgendwann hatte ich jedes Jahr ein neues Boot, von der Bootswerft Hein. Ich konnte die Boote teurer verkaufen als einkaufen. Kurt Hein, der damalige Besitzer der Werft, war wie ein Vater zu mir. Bei jedem Boot, das er mir verkaufte, sagte er: ‚Du Frank, das Boot ist illegal, es ist zu leicht. Wenn das Boot vermessen wird, mache immer ein bisschen Wasser rein und schöpfe es nach der Vermessung wieder raus.' Wir waren bei der Waage immer total aufgeregt und Bumms, 5kg zu schwer. Wie kann das sein? Vor seinem Tod sagte er mir: ‚Die waren immer zu schwer. Wenn du das gewusst hättest, wärst du gesegelt wie

Seite 42: Jahn-Erik, Steffen, Max und Kim von der Bootwerft Hein (von links nach rechts)

Seite 43, links: Auch Oldtimer wie dieser Holzpirat werden in der Werft mit großer Expertise restauriert

Seite 43, rechts: Azubi Kim bei der Arbeit an einem Holzpiraten

ein Schwein klettert.' Nun musste ein neuer Werfteigner her. Jetzt macht es Steffen, der Rock´n Roller. Er ist einzigartig. Als er anfing, musste er erstmal die Werft wieder in Schwung bringen und wir haben fast täglich telefoniert und die Telefonate fingen immer gleich an: ‚Du kannst es dir nicht vorstellen…'"

Inzwischen ist Steffen einige Jahre dabei und auch seine Sekretärin Levke, die früher mit ihm Zugvogel gesegelt ist, hat nur gute Worte über ihn: „Er ist ein super Chef und hat seinen Laden im Griff. Was er mit den segelnden Kindern macht, kann man gar nicht hoch genug schätzen." Auf der Werft arbeiten auch noch Steffens Partner, der Bootsbaumeister Max, die Bootsbauer Jahn-Erik, Paul und ein Auszubildender. Betritt man die Halle der Werft, sieht man viele Boote in verschiedenen Stadien. Man sieht funkelnde Neubauten und zu reparierende Boote. Obwohl die Tätigkeiten viel mit Schleifstaub, Chemikalien und harter Handarbeit zu tun haben, behandeln die Mitarbeiter die Boote mit an Ehrfurcht grenzendem

Das Herstellen eines High-Tech-Bootes aus modernen
Materialien ist ebenfalls Handarbeit

Max unterbricht immer wieder seine Arbeit, um seinen bisherigen Fortschritt zu überprüfen

Links: Das Regattafeld bei der „Internationalen Deutschen Jugendmeisterschaft im Pirat 2014" vor der Insel Föhr

Rechts: Ankunft am Strand von Wyk auf Föhr nach den Wettfahrten am späten Nachmittag

Respekt. Bootsbaumeister Max, der auch einen Piraten besitzt, erklärt: „Ich versuche es so zu machen, dass ich auch zufrieden wäre. Wir bauen Holzboote und auch Boote aus Kohlefaser, Traditionelles und Highend. Die Qualitätsansprüche der Kunden steigen. Das ist gut für uns, wir mögen es selber, wenn es schön ist. Das perfekte Boot ist unser Ziel." Auch Jahn-Erik zeigt, dass seine Arbeit mehr als nur Geld verdienen ist: „Wenn du keinen Spaß hast, musst du dir was anderes suchen. Man arbeitet acht Stunden und am Ende des Tages ist das Boot weiter. Wenn dann der Kunde kommt und sagt, er hat sich vieles erträumt, aber das konnte er sich nicht vorstellen, dann hat man alles richtig gemacht. Ich bin auch nicht zufrieden, wenn ich bei einer Reparatur unsicher bin. Dann kann ich erst wieder gut schlafen, wenn das Boot tipptopp dasteht."

Die Arbeit in der Werft ist ganz klar geregelt. Max erklärt das so: „Steffen lässt uns machen, was mit Bootsbau zu tun hat, sonst ist er dran. Er kümmert sich um Vertrieb und die Messen und macht ganz viel für den Kunden. Das Boot irgendwo hinfahren, um es dort gemeinsam mit dem Kunden aufzubauen. Zu unserem Service gehört auch, dass jedes reparierte Boot, welches hier rausgeht, sauberer ist als vorher. Steffen guckt, dass wir das ordentlich machen. Die Endabnahme ist sein Ding!"

Während meines Besuches der Bootswerft erkläre ich Steffen, dass ich für meinen eigenen etwas betagten Piraten noch Ersatzteile benötige, denn auch ich bin ein großer Fan dieser fantastischen Bootsklasse und will wieder aufs Wasser. Steffen rotiert sofort und besorgt nach vielen Telefonaten originalverpackten Ersatz. Ich hatte fast das Gefühl, dass Steffen sich mehr als ich darüber freute. Er hatte wieder einen Piraten einsatzfähig gemacht.

Seitdem Steffen für die Bootsklasse Pirat aktiv ist, wird jedes Jahr eine Ranglistenregatta, der „Föhrer Piraten Cup", im Wattenmeer ausgetragen. Im August 2014 war die Norderaue vor Wyk auf Föhr sogar der Austragungsort für die „Internationale Deutsche Jugendmeisterschaft im Pirat". Da haben sich natürlich auch Jugendliche aus seiner Trainingsgruppe beteiligt und auch ein Team von Amrum war dabei. Auch die Amrumer wurden unter die Fittiche von Steffen genommen. Er hatte Trainingslager vermittelt und bei der Teilnahme an Qualifikationsregatten geholfen. Wenn auf Amrum die Piraten-Regatta am Molenfest ausgetragen wurde, konnte man sich darauf verlassen, dass Steffen die Wettfahrtleitung übernimmt. Das neueste Amrumer Boot „Happyness" wurde übrigens auf der Bootswerft Hein gebaut.

Ein Schiedsrichter der Wettfahrtleitung neben dem Amrumer Boot bei der Jugendmeisterschaft

SEGELTRAINER STEFFEN 49

Die Regattateilnehmer bereiten sich in der Nähe
des Startschiffs auf die nächste Wettfahrt vor

Oben: Pirat-Segeln aus der Sicht des Vorschoters, Foto: Nick Jürgensen

Rechts: Steffen bespricht die absolvierte Molenfest-Regatta mit dem „interinsularen Team", Katharina von Föhr und Marten von Amrum

SEENOTRETTUNGSKREUZER „ERNST MEIER-HEDDE"

Die Männer um Vormann Sven sind ausgebildet,
um Schiffbrüchige zu retten, und helfen überall dort,
wo sie gebraucht werden

Blick vom Tochterboot auf die „Ernst Meier-Hedde" bei einer Übung in der Dämmerung

Wasser hat keine Balken! Richtig deutlich wird einem diese Aussage an Bord eines Seenotrettungskreuzers. Diese Schiffe sind gebaut, um Seeleuten in Not eine verlässliche Hilfe zu sein, sei es, um sie als Schiffbrüchige zu bergen oder bei Krankheit oder Verletzung von ihrem Schiff möglichst schnell in die Nähe eines Notarztes auf dem Festland zu bringen. Ein Blick auf einen Seenotrettungskreuzer lässt schon ahnen, dass diese Aufgaben erhebliche Anforderungen an Schiff und Mannschaft stellen. Man sieht den schnittigen Schiffen ihre Schnelligkeit und ihre Seetüchtigkeit an. Die Mannschaft trägt robuste Rettungswesten und wasserdichte Kleidung in Signalfarben und bewegt sich mit sicheren Schritten auf dem Schiff. Der geübte Blick erkennt große Suchscheinwerfer, mächtige Feuerlöschmonitore, ein gar nicht mal so kleines huckepack getragenes Tochterboot und Markierungen für Winschmanöver mit Hubschraubern auf dem Vordeck.

Aber nicht nur professionellen Seeleuten helfen diese Schiffe, auch Wassersportler können sich im Notfall auf die Rettungskreuzer verlassen. Auf einer Insel wie Amrum dient der Rettungskreuzer im Notfall auch als „Krankenwagen" zum Krankenhaus auf dem Festland - immer dann, wenn der Rettungshubschrauber wegen schlechter Sicht bei Nebel oder zu viel Wind nicht mehr fliegen darf.

Bei einem Seenotrettungskreuzer heißt der Kapitän Vormann. Auf der auf Amrum stationierten 28 Meter langen „Ernst Meier-Hedde" ist das Sven. Sven hat sein bewegtes Berufsleben als Kfz-Mechaniker begonnen und nach vier Jahren bei der Luftwaffe in Husum die Seefahrt für sich entdeckt. Nach der Ausbildung zum Schiffsmechaniker bei der Westafrika-Linie hat er auf der „Adler-Express" im Wattenmeer angefangen. Mit Unterstützung der Adler-Reederei konnte er schnell sein Kapitänspatent machen, schnelle Schiffe sind also nichts Neues für Sven. Die Aufgaben auf einem Seenotrettungskreuzer reizten ihn und so bewarb er sich 2008 bei der DGzRS, der Deutschen Gesellschaft zur Rettung Schiffbrüchiger. Nach seiner Probezeit wurde er vom Rettungsmann zum „Dritten" befördert. Später wurde er „Zweiter" und seit 2015 ist er nun „Erster" Vormann und damit auch Stationsleiter. Fragt man Sven, warum er auf

Seite 56, oben: Maschinist Hark bei der Zubereitung von Chili con Carne in der bordeigenen Kombüse

Seite 56, unten: Sven verteilt das Mittagessen an Lars, Norman und Jens (von rechts nach links)

Seite 57: Thomas in seiner Kammer, sein Zuhause für jeweils zwei Wochen

einem Rettungskreuzer arbeitet, muss er nicht überlegen: „Weil es Spaß macht, es ist immer anders und abwechslungsreich. Außerdem gefällt mir die Aufgabe, nach dem Sinn muss ich da nicht fragen. Wir sind mit Herzblut und Enthusiasmus dabei. Sonst wäre kein Vertrauen da. Vertrauen muss aber da sein, nicht nur zu meinen Jungs, sondern die müssen auch mir vertrauen. Unsere Selbstständigkeit mag ich auch, wir sind autark, die Übungen und Kontrollfahrten planen wir komplett selbst." Selbstständigkeit, Eigenverantwortlichkeit, Freiwilligkeit, Unabhängigkeit: Das sind sehr wichtige Werte der vor mehr als 150 Jahren gegründeten DGzRS. Nach wie vor wird die gesamte Arbeit der Seenotretter mit rund 60 Rettungseinheiten an Nord- und Ostsee ausschließlich durch Spenden und freiwillige Beiträge finanziert. Die DGzRS beansprucht keinerlei Steuergelder.

Ein Rettungskreuzer ist kein normaler Arbeitsplatz. Die vier Mann starke Besatzung lebt zwei Wochen 24 Stunden am Tag an Bord und ist jederzeit bereit, in wenigen Augenblicken auszulaufen. Dazu gehört dann auch, an Bord zu schlafen, zu kochen und eng aufeinander zu hocken. Ein bisschen hat mich das Leben an das Wohnen in einem Campingwagen erinnert. So wies auch jedes Besatzungsmitglied in persönlichen Gesprächen darauf hin, wie wichtig das Miteinander ist und wie froh sie sind, dass sie sich so gut miteinander verstehen. Dafür haben die Besatzungsmitglieder nach 14 Tagen Dienst 14 Tage frei. Damit kann man dann schon was anfangen, wird mir erklärt. Von den vier Besatzungsmitgliedern auf Wache sind jeweils zwei ausgebildete Maschinisten oder fachkundige Nautiker. So kann jeder für einen anderen an Bord einspringen, falls er ausfallen sollte.

Heute kocht der Maschinist Hark, weil er gerade am wenigsten zu tun hat. So wie es aussieht, ist darüber keiner traurig, denn sein Chili con Carne erfüllt das ganze Schiff mit einem lecker riechenden Duft. Gegessen wird aber später, denn heute soll Brennstoff gebunkert werden. Dazu muss das Schiff pünktlich an der Mole in Dagebüll sein, wo ein Tanklaster mit 6500 Litern Schiffsdiesel wartet. Vormann Sven sendet nur noch wie jeden Tag um 15:00 Uhr die aktuellen Wetterdaten wie Temperatur von Luft und Wasser, Windrichtung und -stärke über Funk an die Seenotleitung der DGzRS in Bremen. Auf diese Weise führt er auch den Radiocheck durch und überprüft so jeden Tag, ob das Funkgerät einwandfrei funktioniert. Nun ist aber alles erledigt und die Maschinen werden gestartet. Sven meldet sich bei der Seenotleitung ab und manövriert anschließend das Schiff routiniert aus dem Seezeichenhafen auf Amrum. Nach einer kurzen Überfahrt kommen wir auch schon in Dagebüll an. Mit der Fähre dauert das deutlich länger.

Foto auf Seite 58: Über diese Leiter kommt man in den Maschinenraum der „Ernst Meier-Hedde"

Foto auf Seite 59: Der Ölstand der beiden Fahrmotoren des Rettungskreuzers wird vom Maschinisten Hark regelmäßig überprüft

Vorhin hat mir Hark sein Reich, den auffällig sauberen Maschinenraum, gezeigt. Zwei riesige Fahrmotoren mit je knapp 2000 PS dominieren den Raum genauso wie viele Armaturen und Computerdisplays zur Bedienung der Maschinen. Hark zeigt mir noch zwei Hilfsdiesel für die Stromversorgung und die Hydraulik des Schiffes, die auch im Notfall bis zu 4000 Liter Seewasser pro Minute zu den Feuerlöschmonitoren pumpen können. Auch die Heizung und die Frischwasseranlagen findet man im Maschinenraum, genauso wie die insgesamt 15000 Liter fassenden Brennstofftanks, die für den Trimm des Schiffes in vier Sektionen aufgeteilt sind. Bei Volllast bringen die Maschinen das 120 Tonnen schwere Schiff auf 24 Knoten Höchstgeschwindigkeit, benötigen dann aber auch 750 Liter Brennstoff pro Stunde. Gut, dass die „Ernst Meier-Hedde" in dieser Stunde aufgrund ihrer Geschwindigkeit auch schon ganz schön weit kommt. Hark ist nicht nur aufgrund seiner fünf Jahre Fahrtzeit bei der Deutschen Marine, acht Jahren bei der Fährreederei WDR und inzwischen 15 Jahren bei der DGzRS als Maschinist an Bord gern gesehen, sondern auch wegen seines Chilis, welches inzwischen dampfend auf dem Tisch der Messe steht. Sven lässt es sich nicht nehmen, das Essen an seine Mannschaft zu verteilen. Ein schönes Bild, wie sich vier große Männer auf das gemeinsame Essen freuen.

Links: Das Tochterboot „Lotte" in voller Fahrt

Rechts: Freiwilliger Norman

Sven erklärt: „Wenn ein Notfall aus der Seenotleitung in Bremen kommt, erhalten wir die Position, die Anzahl der beteiligten Personen und die Art des Problems mitgeteilt. An Bord können wir einen, maximal zwei Patienten intensivmedizinisch betreuen. Schiffbrüchige bekommen wir mindestens 50 unter, die genaue Grenze möchten wir aber gar nicht rausbekommen. Wir können den Einsatz aber auch ablehnen, denn alle Einsätze sind grundsätzlich freiwillig." Auf die Frage, wann er ablehnt, erläutert er: „Wenn ein Einsatz keinen Sinn ergibt, zum Beispiel wenn man bei einer Sturmflut von einer Hallig einen Patienten abholen soll, der aber wegen ‚Land unter' gar nicht bis zur Anlegestelle und somit zum Schiff gebracht werden kann. Ist der Einsatz irgendwie möglich, fahren wir auch raus. Dann wird auch nicht groß nachgefragt. Zuerst kommt immer die Menschenrettung und dann gegebenenfalls die Schiffsrettung."

Neben den fest angestellten Besatzungsmitgliedern, die nur die „Festen" genannt werden, gibt es noch zusätzliche freiwillige Crewmitglieder auf der „Ernst Meier-Hedde". Die sind an Bord willkommen, denn bei Krankheit oder Urlaub können sie auch mal einen „Festen" ersetzen, und bei Sucheinsätzen ist jedes zusätzliche Augenpaar von Vorteil. Nicht nur zum Üben, sondern auch, um sich möglichst gut kennenzulernen, treffen sich die „Freiwilligen" mit den „Festen" regelmäßig. Je besser man sich kennt, desto größer sind der Zusammenhalt und das gegenseitige Vertrauen. Manchmal bereichern aber auch die Freiwilligen die Ausbildung an Bord mit ihren eigenen Kenntnissen: Claudia und Peter sind kompetente Notärzte, Andreas ist professioneller Rettungssanitäter. Auf die Frage, warum er sich so engagiert, antwortet Andreas trocken: „Wenn man es macht, macht man es richtig!" Kay ist auch schon seit 13 Jahren Freiwil-

liger. Er ist durch seinen Bruder Hark, den gut kochenden Maschinisten, dazu gekommen. Auf dem Tochterboot „Lotte" ist er oft am Ruder zu sehen. Auch in seiner Freizeit skippert er Segel- und Motorboote. Und Norman fühlt sich auf einem Rettungskreuzer wahrscheinlich so wohl, da er eh immer irgendwie anderen Leuten hilft. Er ist auch in der freiwilligen Feuerwehr auf Amrum tätig, wo er bis vor kurzem die Jugendfeuerwehr geleitet hat.

Wie sieht so eine gemeinsame Übung mit Freiwilligen aus? Zunächst wird mit einer herzlichen Begrüßung und freundlichen Worten untereinander am Liegeplatz begonnen. Der letzte ist übrigens zehn Minuten vor der verabredeten Zeit eingetroffen, jeder nimmt die Aufgabe ernst und keiner will für eine Verzögerung verantwortlich sein. Nun erklärt Vormann Sven kurz, was für heute ansteht: mehrmaliges An- und Ablegen am Anleger von Hallig Hooge und Übungen mit dem Tochterboot. Die Crewmitglieder, die für das Ablegen an Deck gebraucht werden, ziehen sich ohne Aufforderung Rettungswesten an, und einen kurzen Moment später sind die Leinen los und das Schiff fährt aus dem Hafen. Nachdem das Deck klar ist, gehen alle auf die Brücke oder in die Messe. Ich bleibe noch ein wenig an Deck, um ein paar Fotos zu schießen. Nachdem der Rettungskreuzer die offene See erreicht hat, wird er unglaublich schnell. Während des Beschleunigens muss ich mich gut festhalten, um auf den Beinen zu bleiben. Trotz relativ ruhiger See fängt das Schiff an, für mich unvorhersehbare Bewegungen zu machen, weil es mit hoher Geschwindigkeit immer wieder auf die Wellen trifft, und die Reling kommt mir mit einem mal ziemlich niedrig vor. Während ich meine Fotos mache, merke ich, dass ich doch nicht allein bin an Deck. Bernd hat mich nicht aus den Augen gelassen und guckt mich mit einer Mischung aus Besorgnis und Mitleid an. Besorgnis, weil sich das Schiff immer mehr bewegt, und Mitleid, weil er sieht, wie ich Landratte ohne Seebeine beim einfachen Herumstehen scheitere. Er gibt mir nüchtern die Anweisung, mindestens eine Hand zum Festhalten zu benutzen.

Bernd ist heute der leitende Maschinist und einer von den „Festen". Er macht den Job auf dem Rettungskreuzer schon seit Anfang der neunziger Jahre, wobei er auch schon vorher als Maschinist auf dem Amrumer Tonnenleger gefahren ist. In seiner langen Dienstzeit hat er unter anderem schon vier Geburten an Bord erlebt, die trotz des ganzen Stresses eigentlich etwas Schönes seien. Aber er war leider auch dabei, als die Seenotretter die nach einem nächtlichen Sportbootunfall ertrunkenen Klassenkameraden seines Sohnes geborgen haben.

Inzwischen sind wir in der Nähe von Hooge angekommen, und das Schiff nähert sich dem Anleger. Dieses Mal ist Benedikt am Ruder, damit auch er das Schiff sicher und zügig anlegen kann, wenn ein Krankentransport von der Hallig zum Festland übernommen wird. Jeder Anleger ist anders, und Übung macht den Meister. Benedikt, der von allen nur „Bene" genannt wird, ist noch vor zwei Jahren als nautischer Offizier auf einem

Schwergutfrachter gefahren. Fragt man ihn nach seinem neuen Job, antwortet er: „Toll, dass es der Rettungskreuzer auf Amrum geworden ist, die ‚Ernst Meier-Hedde' ist eines der modernsten Schiffe der DGzRS, und menschlich passt es für mich hervorragend. Ich mache hier etwas Sinnvolles, und das Wattenmeer ist eine Welt für sich und somit eine große Herausforderung. Ich habe Glück, dass es hier Leute gibt, die hinterher sind, dass ich etwas lerne, wie heute das schnelle und sichere An- und Ablegen."

Auf dem Vordeck zeigt Sven der Freiwilligen Claudia, wie man das Schiff mit Leinen am Anleger festmacht. Claudia hört dem erfahrenen Seemann aufmerksam zu, und bei jedem weiteren Anlegen hat sie die widerspenstige Leine besser im Griff, und Sven guckt immer zufriedener.

Nachdem die Seenotretter einige Male auf Hooge an- und abgelegt haben, geht es wieder zurück nach Amrum. Auf halber Strecke werde ich gefragt, ob ich gleich im Tochterboot mitfahren möchte. Na klar, sage ich zu, bekomme ich doch so endlich Bilder vom ganzen Rettungskreuzer. Ich muss noch einen Überlebensanzug anziehen, der zur persönlichen Schutzausrüstung an Bord des Tochterbootes gehört. Hierbei handelt es sich um einen absolut wasserdichten Gummianzug mit fest angebrachten Gummistiefeln und dichten Neoprenmanschetten an den Händen und am Hals, so dass man selbst beim Überbordgehen trocken und warm bleibt – zumindest eine ganze Zeitlang.

Damit das Tochterboot aus dem Heck des Seenotrettungskreuzers „herausrutschen" kann, muss Sven noch stabile Hydraulikhalterungen lösen, die „Lotte" auch bei schwerer See sicher halten. Dann steige ich zu Kay und Andreas auf die „Lotte" und bekomme noch einen Gehörschutz mit eingebautem Bordfunk, denn es soll gleich laut werden. Nun wird eine Klappe am Heck der „Ernst Meier-Hedde" geöffnet und wir plumpsen hinten raus. Kay legt den Hebel auf den Tisch (gibt Vollgas), und die „Lotte" springt nach vorne. Eben war es nur eng, jetzt ist es auch laut und wirklich sehr nass. Absolut jede kleine Welle verwandelt sich in eine Gischtexplosion, wenn sie vom Bug der rasenden „Lotte" getroffen wird. Das Boot schaukelt nicht, es bockt wie ein austretendes Pferd. Festhalten wird nun zu einer echten Aufgabe. Meine Frontlinsen werden nass und ich realisiere, dass ich meine Putztücher auf der „Ernst Meier-Hedde" gelassen habe. Andreas rettet die Situation und zaubert ein trockenes Baumwolltuch aus dem Deckshaus der „Lotte".

Neben uns scheint die „Ernst Meier-Hedde" wie auf Schienen durch das Wasser zu gleiten. Ihr Bug zerteilt in einer beeindruckenden Bugwelle die Nordsee, während wir auf dem kleinen Tochterboot in einer ständigen Gischtwolke nebenher poltern. Im Hafen von Amrum wird die „Lotte" wieder an Bord genommen. Nach dem Festmachen des Rettungskreuzers meldet Sven über Funk „Klar P3, Ernst Meier-Hedde" an die Seenotleitung in Bremen, was soviel bedeutet wie „Ernst Meier-Hedde liegt voll einsatzbereit auf Station".

SEENOTRETTUNGSKREUZER 65

Seite 64: Das Tochterboot rast dem Rettungskreuzer hinterher

Seite 65, oben links: Vormann Sven hilft beim Vorbereiten des Tochterbooteinsatzes auf dem Achterdeck der „Ernst Meier-Hedde"

Seite 65, oben rechts: Der Freiwillige Kay steuert das Tochterboot

Seite 65, unten: Die „Lotte" wird auf das aufnahmebereite Heck der „Ernst Meier-Hedde" gesteuert

Links: Vormann Sven steuert den Rettungskreuzer bei Rotlicht aus dem nächtlichen Hafen

Rechts: Leistungsfähige Suchscheinwerfer helfen auch beim An- und Ablegen in nächtlichen Häfen

Es ist schwarze Nacht am Liegeplatz des Amrumer Seenotrettungskreuzers. Im Steuerhaus bereiten Vormann Sven und Maschinist Bernd bei schummrigem Rotlicht das Ablegen vor. Auf dem Kai fährt ein Rettungswagen mit Blaulicht vor und die Sanitäter und die Notärztin Claudia bringen einen Patienten auf einer Rettungstrage zum Schiff. Eine Rettungssanitäterin bleibt beim Patienten und beobachtet ihn während der Fahrt. Sven meldet per Funk an die Seenotleitung in Bremen: „Rettungswagen ist vorgefahren, wir nehmen den Patienten an Bord und sind unterwegs nach Dagebüll." Nach dem Einschalten der starken Suchscheinwerfer verwandelt sich der schwarze Hafen in einen bestens ausgeleuchteten Hafen. Nach dem Ablegen findet Sven mit den Scheinwerfern leichter die Pricken und Tonnen des Fahrwassers. Der erfahrene Schiffsführer würde bestimmt auch ohne Beleuchtung seinen Weg finden, aber Sicherheit ist gerade jetzt besonders wichtig. Nach dem Verlassen des Amrumer Fahrwassers bringt Sven das Schiff auf Höchstgeschwindigkeit und schaltet die Suchscheinwerfer und die Rotlichtbeleuchtung auf der Brücke aus. Jetzt werden die Gesichter der Besatzung nur noch von den zahlreichen Displays beleuchtet. Der Maschinist Bernd sitzt auch auf der Brücke und überwacht den Maschinenraum von einem Terminal, denn im Maschinenraum ist das Verletzungsrisiko während der Fahrt nicht klein. Gerade beim unruhigen Geschaukel bei schneller Fahrt kann man das Gleichgewicht verlieren und sich an den heißen Maschinen verletzen, zumal man dort unten die Schiffsbewegungen nicht kommen sieht. „Ich habe mir schon ein paar Mal ordentlich das Fell verbrannt", erläutert Bernd, was er meint. Nach einer kurzen Überfahrt ist der Krankentransport in Dagebüll angekommen und ein Rettungswagen fährt gerade auf die Mole. Der Patient wird übergeben und schon fährt die „Ernst Meier-Hedde" zurück nach Amrum. Nun herrscht eine komplett andere Stimmung auf der Brücke. Zurück sind die kleinen Scherze, und auch die Rettungssanitäterin, die eben noch den Patienten beobachtet hatte, schnackt mit der Besatzung. Vorbei die konzentrierte Stimmung und das ernste Schweigen von der Hinfahrt. Auf der Höhe von Wyk auf Föhr wird eine längere Strecke sogar besonders langsam gefahren, damit die Wellen vom Rettungskreuzer keine Schäden an den im Föhrer Hafen festgemachten Schiffen verursachen. Schließlich ist der Einsatz beendet, und Sven gibt sein „Klar P3, Ernst Meier-Hedde" nach Bremen.

Während einer Hubschrauberübung bekommt Rettungsmann Thomas seine Instruktionen über ein Headset

Hier wird das Abbergen eines Verletzten durch den Bordarzt des Hubschraubers trainiert

Die „Ernst Meier-Hedde" auf der Nordsee.
Foto: Bertrand Hoeborn

Steht man auf dem Vordeck eines Rettungskreuzers und fotografiert eine Hubschrauberübung, drängt sich die Frage nach anderen Perspektiven von alleine auf. Gern würde man die Szene von einem anderen Schiff aus fotografieren, aber woher nehmen? Sensationell wären natürlich Fotos aus der Sicht der Hubschrauberbesatzung. Das sympathische Hubschrauberbesatzungsmitglied Bertrand (Notfallsanitäter/HEMS-TC) hat mir auf meine Frage, ob er eine Kamera mit nach oben nehmen würde, geantwortet: „Ja, das kann ich machen." Nachdem ich versucht habe, ihm zuzubrüllen, was für Aufnahmen mir vorschwebten, habe ich ihm eine meiner Kameras eingestellt und in die Hand gedrückt. Er nahm sie und weg war er. Das waren für mich schlimme Minuten. „Hat er mich richtig verstanden? Warum reißt jetzt die Wolkendecke auf? Meine Einstellungen passen nicht mehr zum neuen Licht!" Nach einer gefühlten Ewigkeit landete er wieder auf dem Seenotrettungskreuzer. Was soll ich sagen. Bertrand hat tolle Eindrücke aus der Luft in fantastischen Aufnahmen eingefangen! Die Fehlbelichtung aufgrund meiner falschen Einstellungen konnten am PC vollkommen korrigiert werden. Happy End!

Am Haken, Foto: Bertrand Hoeborn

Während des Anflugs auf den Rettungskreuzer weist der Hoister Michael den Piloten genau an die richtige Stelle und sorgt auch dafür, dass Arzt und Patient sicher hoch- und runterkommen, Foto: Bertrand Hoeborn

Blick vom Hubschrauber auf den Seenotrettungskreuzer „Ernst Meier-Hedde", Foto: Bertrand Hoeborn

INSELÄRZTIN CLAUDIA

Sie kümmert sich nicht nur um die Patienten in ihrer Praxis,
sondern engagiert sich auch in der Notfallmedizin auf der Insel Amrum

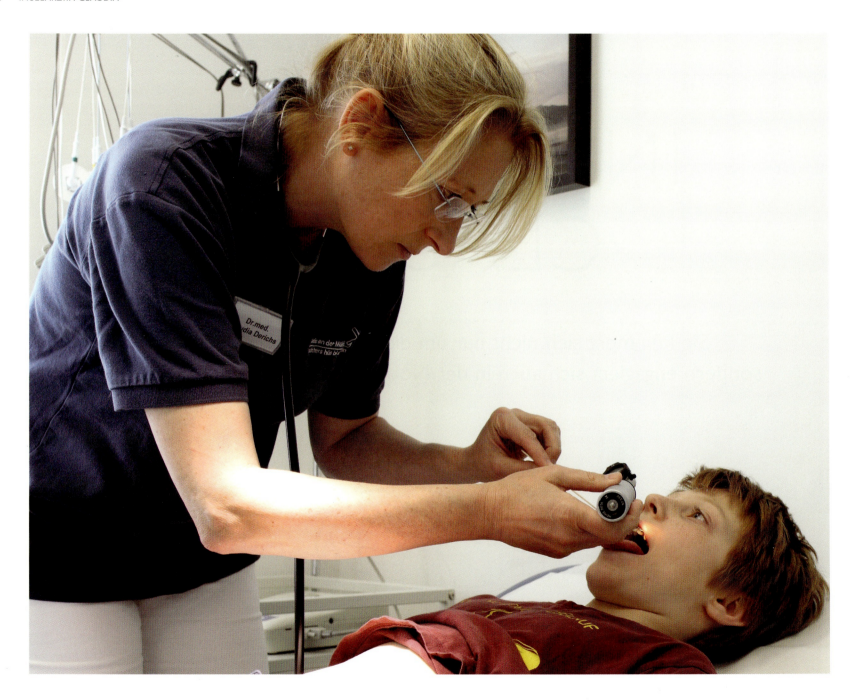

Links: Claudia bei der Behandlung eines jungen Patienten in ihrer Praxis

Rechts: Erfahrene Hände bei der Untersuchung eines Patienten

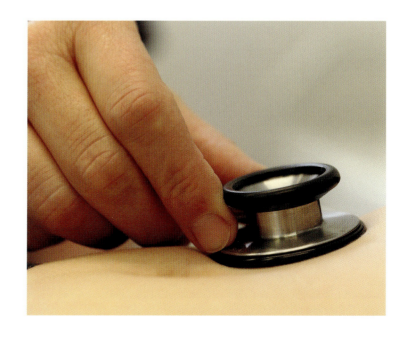

Inselärztin aus Leidenschaft, so kann man Claudia mit gutem Gewissen beschreiben. In einem reetgedeckten Friesenhaus auf Amrum betreibt sie mit ihrem Freund und Kollegen Peter und einigen freundlichen Mitarbeitern eine Arztpraxis. Trotz eines manchmal vollen Wartezimmers nimmt Claudia sich für ihre Patienten Zeit und einen Unterschied in der Behandlung von privat oder gesetzlich Krankenversicherten kann man nicht feststellen. Mindestens genauso bemerkenswert ist ihr Engagement für die medizinische Notfallversorgung der Insel. Aber wie ist sie überhaupt nach Amrum gekommen? Sie hatte schließlich selbst nie gedacht, dass sie einmal hier landen und dann auch noch so sesshaft werden würde.

Claudia ist in Bonn zur Schule gegangen und hat in ihrer Jugend einen Erste-Hilfe-Kurs gemacht. Das hat ihr so gut gefallen, dass sie nach ihrem Abi ein freiwilliges soziales Jahr im Krankenhaus absolvierte und sich ehrenamtlich zur Rettungssanitäterin ausbilden ließ. Das anschließende Studium der Humanmedizin war dann die logische Konsequenz. Während des Studiums hat sie als Rettungssanitäterin gearbeitet, wobei ihr die Nachtdienste erspart blieben, weil interessanterweise zu dieser Zeit nach 20:00 Uhr kein Damenbesuch auf der Feuerwache geduldet wurde. Das hat sie aber nicht davon abgehalten, nachts in der Krankentransportleitstelle der Malteser zu arbeiten. Nach ihrer ärztlichen Prüfung entschied sie sich für die Anästhesie, da die Notfallmedizin zu diesem Fachgebiet gehört. Der Wunsch, bedürftigen Menschen zu helfen und somit etwas Nützliches und Sinnvolles zu tun, führte sie auch in zwei Auslandseinsätzen nach Afrika.

1996 war sie mit den Maltesern in Bukavu/Zaire, dem heutigen Kongo, um bei den dörflichen Gesundheitsstationen zu evaluieren, was sie für ihren Betrieb benötigen. Diese Zeit prägte Claudia und ließ den Wunsch wachsen, ein weiteres Mal in Afrika zu helfen. So kam sie 1998 als Anästhesistin mit „Ärzte ohne Grenzen" nach Freetown in Sierra Leone. Auch dies war eine bereichernde Zeit, die Zusammenarbeit mit internationalen Teams, die Dankbarkeit und Lebensfreude der Afrikaner und das Arbeiten unter ganz anderen Bedingungen haben ihr gut gefallen. „Es war Anästhesie auf der Straße, ohne Technik, aber trotzdem mit Sicherheit für die Patienten, anders konnten sie auch nicht versorgt werden. Man hat viel mehr zurückgekriegt als man geben konnte. Gejammert haben die teils schwer verletzten Patienten nie, echte Probleme haben sie einfach weggesteckt", verdeutlicht Claudia. Aber es war schon etwas anderes als nur ein Abenteuerurlaub. Es gab marodierende Banden, die Einheimische ermordet oder verstümmelt haben. Unter ihrer OP-Kleidung trug

Seite 80, links: Die Arzthelferin Sophie reicht Claudia einen Notruf auf dem Pager

Seite 80, rechts: Wenige Augenblicke später ist Claudia auf dem Weg aus der Praxis zum Notarztfahrzeug

Seite 81: Als Notärztin ist Claudia auch auf dem Seenotrettungskreuzer tätig. Dabei übernimmt sie ebenso die Aufgaben der Seemannschaft. Hier zeigt ihr Vormann Sven, wie man die Vorleine festmacht.

sie stets einen Bauchgurt mit ihrem Impfpass, Reisepass und 100 Dollar in kleinen Scheinen, um für eine Notevakuierung vorbereitet zu sein. „Meine Afrikaaufenthalte qualifizieren mich für Amrum, wenn hier ein Notfall ist, komme ich mit den hiesigen Mitteln klar!"

Zurück in Deutschland hatte sich Claudia medizinisch immer weiter qualifiziert und auch eine Zeit lang auf einer Intensivstation für Kinder in Hannover gearbeitet. Allerdings besteht auch Claudias Leben nicht nur aus Arbeit, gerne hat sie ihre Winterurlaube auf Amrum verbracht. 2002 hat sie es dann auch mal im Sommer auf Amrum versucht und als sie heimkam, ist es passiert. In ihrer Post lag das aktuelle Ärzteblatt mit einer Stellenausschreibung für eine Kurklinik auf Amrum. „Ach, für ein halbes Jahr mal kein Nachtdienst, warum nicht", dachte sich Claudia damals. Nach einem weiteren Jahr wollte sie nicht mehr weg. Es folgten Vertretungen im Krankenhaus auf Föhr und in einer Praxis bei einer alteingesessenen Hausärztin auf Amrum. Diese stellte dann auch fest: „Wenn ich in Rente gehe, dann übernimmst du das." Nach vielen Fortbildungen wurde sie Allgemeinmedizinerin und hat ihren Lebenspartner Peter nach

Zusammen mit Andreas, einem Freiwilligen der „Ernst Meier-Hedde", übt Claudia Navigationsaufgaben für ihre Sportbootführerscheinprüfung

Amrum geholt, mit dem sie jetzt die Praxis zusammen betreibt. „Jetzt bin ich hier und übernehme die hausärztliche Versorgung der Amrumer, die Akutversorgung der Urlauber und den Notarztdienst", strahlt Claudia.

Aber die Hausärztin ist nur eine Seite von ihrer Arbeit auf Amrum. Sie stellt sich und ihre Kenntnisse in der Notfallmedizin für die medizinische Erstversorgung auf der Insel Amrum zur Verfügung. Es fing damit an, dass sie sich auf der Rettungswache vorgestellt hatte. Kurze Zeit später hatte sie einen Pieper und wurde zu Notfällen hinzugezogen. Bei einem Treffen des Katastrophenschutzes Nordfriesland schlug sie ein Notarzteinsatzfahrzeug vor, welches dank ihr seit 2011 auf der Insel stationiert ist. „Die Erste Hilfe ist dadurch flexibler geworden", freut sich Claudia. Sie wechselt sich bei der ehrenamtlichen Bereitschaft mit ihrem Freund Peter ab. Dies heißt für die beiden, dass nur einer von beiden abends Alkohol trinken darf oder nicht beide zusammen um die Amrumer Odde spazieren dürfen, um ein schnelles Eintreffen an der Einsatzstelle zu gewährleisten. Auch die freiwillige Feuerwehr Amrum bekommt Unterstützung von Claudia, indem sie Kurse für die erweiterte Erste Hilfe anbietet. „So können die entsprechend fortgebildeten Feuerwehrkräfte uns bei großen Schadensereignissen unterstützen. Das hat sich bei einigen Einsätzen schon bewährt, z.B. bei einer Schiffskollision am Anleger Wittdüns." Auch die Etablierung des PSU (Psychosoziale Unterstützung) in der Feuerwehr geht auf ihre Initiative zurück. Hierbei handelt es sich um eine besondere Betreuung der Einsatzkräfte, die nach ihrem Einsatz an einer Unfallstelle teilweise traumatische Erlebnisse verarbeiten müssen.

Eine weitere Facette ihrer Arbeit erklärt sie so: „Auf Amrum kommen in Notfällen immer irgendwie Transportfragen dazu. Die Antwort lautet oft Rettungshubschrauber oder Seenotrettungskreuzer. Schwups wurde ich Freiwillige auf dem Amrumer Seenotrettungskreuzer ‚Ernst Meier-Hedde', mit Seediensttauglichkeitsprüfung und allem, was dazu gehört. Das ist für mich super spannend und fachlich interessant. Ich habe schon einem einjährigen Kind auf dem schwankenden Schiff einen Zugang gelegt, während ich selber seekrank war." Claudia hat inzwischen Spaß an der Seefahrt gefunden und macht den Sportbootführerschein.

Ihr erster richtiger Einsatz auf dem Rettungskreuzer ist eine wahre Feuertaufe. Der Vormann des Rettungskreuzers erinnert sich: „Ein Fischkutter hat um Hilfe gebeten, ein Besatzungsmitglied hatte Verdacht auf Blinddarmentzündung. Wir hatten echt Wetter, Südwest und mindestens acht Windstärken. Unterwegs musste Claudia ‚umsteigen', in den schweren Such- und Rettungshubschrauber der Deutschen Marine, damit sie auf den Kutter mit seinem ausgebrachten Fanggeschirr konnte. Wir konnten da nicht längsseits gehen. Ohne langes Sabbeln hat sie ihre Rettungsweste angezogen und los ging es, volle Anerkennung an Claudia. Durch ihre Mitarbeit als Freiwillige kann sie sich die maritimen Hintergründe besser vorstellen, ihr Interesse ist da."

Auch Claudias Augen blitzen, wenn sie an diesen Tag zurückdenkt: „Ich wollte schon immer mal gewinscht werden (am Windenseil in den Hubschrauber hochgezogen bzw. vom Hubschrauber abgeseilt werden).

Links: Mit solch einem Hubschrauber wurde Claudia bei ihrem ersten Einsatz an Bord des Seenotrettungskreuzers nachts bei Starkwind von der „Ernst Meier-Hedde" zu einem Fischkutter gebracht. Auf dem Bild bereitet Vormann Sven eine Übung mit dem Such- und Rettungshubschrauber der Deutschen Marine vor.

Rechts: Teil einer nächtlichen Hubschrauberübung ist das Herablassen eines Seils auf eine Markierung. Bei zwei von drei Versuchen landete das Seil in der Mitte der Markierung, beim dritten Versuch nur 30 cm daneben.

Ich habe einen Helm mit Bordfunk aufgesetzt bekommen und den Tipp, dass ich die Arme während des Winschens nach unten halten soll, damit ich nicht aus der Schlinge rutsche. Dann habe ich mich auf eine dafür vorgesehene Markierung auf dem Vordeck gestellt und auf das Seil gewartet. Die beiden Seenotretter Bernd und Lars haben mir beim Anlegen der Schlinge geholfen, und dann ging es auch schon nach oben. Eigentlich habe ich Höhenangst, aber durch die Dunkelheit habe ich von der Höhe nicht so viel mitbekommen. Irgendwann bin ich mit meinem Helm oben am Hubschrauber ,angedozt', und die Hubschrauberbesatzung hat mich an Bord geholt. Während des Anfluges auf den Kutter konnte ich über mein in den Helm eingebautes Bordfunkgerät bei den Piloten mithören. Da gab es Sätze wie: ,Ist es das Schiff, nee zu klein!' Und dann kam der richtige Kutter und der war dann wirklich klein und der Bordfunk teilt mir gnadenlos mit: ,Wo sollen wir sie denn da runterlassen?' Das war nicht gerade ermutigend. Irgendwie bin ich dann auf dem Kutter angekommen, die Piloten wissen auf jeden Fall, was sie tun. Der Fischkutter hat wahnsinnig geschaukelt, und ich konnte mich kaum festhalten, überall Seile und Fanggeschirr. Unter Deck lag er dann, mein Patient. Ein enger Raum mit nicht gerade frischer Luft und das Schaukeln wurde nicht weniger. Ich musste wegen meiner Seekrankheit nach einer Tüte fragen und habe mich erstmal übergeben. Nun guckten mich die Fischer mit großen Augen an. Nachdem ich den Patienten versorgt hatte, wurde er mit einem Rettungskorb zum Hubschrauber gezogen, genauso wie ich kurze Zeit später. Ich war froh, als ich wieder im Hubschrauber war."

Der Seaking der Deutschen Marine übernimmt eine Trage vom Seenotrettungskreuzer

Lars und Jens von der „Ernst Meier-Hedde"
bereiten das Abbergen einer Trage vor

DIE NATURSCHÜTZER VOM ÖÖMRANG FERIAN

Sie betreuen große Teile der Schutzgebiete auf der Insel Amrum

Links: Paul auf dem Weg zum nächsten Nistkasten, der kontrolliert und gesäubert werden muss

Rechts: Mit viel Sorgfalt wird ein Nistkasten für die nächste Brutsaison vorbereitet

Der Öömrang Ferian (friesisch. Amrumer Verein) betreibt ein Naturzentrum und ist für Naturschutzaufgaben auf der Insel verantwortlich. Diese Arbeit wird von einer hauptamtlichen Leitung und insgesamt vier Freiwilligen im Bundesfreiwilligendienst oder im Freiwilligen ökologischen Jahr geleistet. Die Kernaufgabe der liebevoll als „Öömis" bezeichneten MitarbeiterInnen des Naturzentrums ist die Betreuung der Amrumer Schutzgebiete und des Nationalparks. Dazu gehören zahlreiche naturkundliche Führungen, das Zählen von Vögeln und Pflanzen, Aufstellen von Schildern und Absperrungen, sowie die Pflege und Verwaltung der Gebiete. Um die vielfältige Arbeit genauer kennenzulernen, begleite ich die Öömis bei einigen ihrer Aufgaben.

Im frühen Frühling bei eisigen Temperaturen gehe ich mit Paul in den Wald, Nistkästen säubern, damit die Amrumer Singvögel eine gepflegte Bruthöhle für die Aufzucht ihrer Küken finden. Paul ist mit einer genauen Karte zum Auffinden der Kästen und einer Leiter zum Ab- und Aufhängen der Vogelheime ausgestattet. Zum Auskratzen der künstlichen Bruthöhlen hat er sich vom Naturzentrumsleiter den Brieföffner stibitzt. „Vorübergehend ausgeliehen", sagt er und grinst dabei. Nachdem er einen Baum mit Nistkasten gefunden hat, holt er ihn auf den Boden und säubert ihn. Altes Nistmaterial und manchmal auch unausgebrütete Eier oder tote Jungvögel holt er aus den Kästen. Danach geht es auch schon zum nächsten Baum. Die Prozedur wiederholt sich noch einige Male, dann sind die für diesen Tag vorgenommenen Nistkästen bereit für ihre neuen Bewohner. Insgesamt rund 250 Nistkästen betreuen die Öömis zurzeit. Zu Hause angekommen ist alles getan. Nein. Halt. Der Brieföffner muss noch gesäubert und an seinen alten Platz gelegt werden.

Auf die Frage, welche Aufgaben ihm besonderen Spaß bereiten, antwortet Paul: „Ich mache alle Sachen gerne. Besonders mag ich aber die vogelkundlichen und archäologischen Führungen. Ich finde es toll, Informationen näher zu bringen. Meine Zuhörer haben normalerweise nicht viel mit der Materie zu tun und raffen sich trotzdem eineinhalb Stunden auf, sich damit auseinanderzusetzen. Oft erhalte ich eine sehr positive Rückmeldung und das bringt mir dann eine große Befriedigung." Das Zusammenleben in der Wohngemeinschaft hat ihm so gut gefallen, dass er in Zukunft auch in einer WG wohnen möchte. „Es war immer was los und es war immer jemand da, mit dem man irgendetwas anstellen konnte." Als Erlebnis hat ihn ein Sturm als erlebte Naturgewalt am meisten beeindruckt: „Wir wollten einmal um die Odde (Nordspitze Amrums) wandern und es ging einfach nicht. Die Nordsee stieg und wir standen hüfttief im Wasser und die Wellen sind über uns zusammengeschlagen und wir konnten gerade so noch stehen. Wir mussten unser Vorhaben abrechen. Man hat nichts mehr verstanden, so laut war es. Als der Regen einsetzte, waren die einschlagenden Tropfen wie Nadelstiche. Man wurde zur Seite gepustet und hatte nicht mehr die Gewalt über seinen Weg."

Nun bin ich mit Hannah unterwegs. Ihr Auftrag: Hinweistafeln für die Kegelrobbenjungtiere einsammeln. Diese informieren die Strandbesucher darüber, dass die Kegelrobben im Winter am Strand ihre Jungen bekommen und beim Säugen nicht gestört werden sollen. Wenn die Jungenaufzucht vorbei ist, werden die Schilder wieder eingesammelt. Hierzu fährt Hannah mit ihrem Fahrrad, einem Fahrradanhänger und einer Schaufel zu den entsprechenden Strandaufgängen. Dort angekommen gräbt sie die schweren Holzpfähle aus, an denen die Tafeln befestigt sind und schleppt sie zu ihrem Anhänger. Schon ist sie wieder unterwegs zum nächsten Schild.

Hannah kommt aus Duisburg, war aber jedes Jahr im Sommer am Wattenmeer und wollte deswegen auch nach der Schule hierher. Ihr besonderes Interesse gilt der Meeresbiologie, nicht zuletzt, weil es im Meer noch jede Menge zu entdecken gibt, ist es doch unerforschter als der Weltraum. „Wenn ich aufs Meer gucke, sehe ich ganz viel Weite und

Seite 92: Hannah baut die Hinweisschilder für die Kegelrobben ab und transportiert sie mit dem Fahrradanhänger weg

Seite 93: Nutznießer der Hinweisschilder: Eine schutzbedürftige junge Kegelrobbe

empfinde uns als kleinen Fleck im Universum. In der Weite sucht man etwas, was menschlich ist, wo man sich wiedererkennt. Beim Wal finde ich es, ihre Intelligenz und das soziale Verhalten erinnern mich an den Menschen." Auf die Frage nach dem Unterschied zwischen Amrum und ihrer Heimat Duisburg antwortet sie: „Als ich mal für eine Woche wieder in Duisburg gewesen bin, war ich entsetzt und schockiert. Es war dort alles grau und nicht so naturnah wie auf Amrum. Der Unterschied bei der Luft ist gigantisch, der Industriesmog fehlt auf Amrum einfach."

Links: Große Limikolenschwärme sind eine Herausforderung beim Vögel zählen

Rechts: Anika und Daniel beim Vögel zählen auf dem Amrumer Strand

Anika und Daniel nehmen mich an einem anderen Tag zu einer Vogelzählung mit. Wir gehen direkt am Naturzentrum an den Strand und los geht's, jeder Vogel wird mit Ort, Art und gegebenenfalls bei Schwärmen mit Anzahl notiert. Am Anfang sind an dem relativ schmalen Strand Anika und Daniel gemeinsam unterwegs und gucken durch ein Fernglas und ein stark vergrößerndes Spektiv nach Vögeln. Haben sie einen Schwarm entdeckt, steht die Zähluhr in ihren Händen nicht still. Eifrig wird jeder erkannte Vogel der gerade zu zählenden Art mit einem Klick von der Zähluhr bestätigt. Bei nicht ganz sicherer Artzuweisung wird sich kurz mit dem Kollegen ausgetauscht, aber die beiden sind nun schon einige Zeit im Geschäft und entsprechend sicher bei der Vogelbestimmung. Wir wandern gemeinsam in Richtung Nebel, und bald wird der Strand deutlich breiter, und Vordünen mitten auf dem Strand erschweren den Überblick über die gesamte Strandbreite. Die beiden trennen sich. Anika geht in der Nähe des Spülsaums und Daniel an der Dünenkante entlang. Jeder kartiert nun für sich allein. In einzelnen Fällen muss eine Düne erklommen werden, um einen Einblick in bestimmte Flächen zu bekommen, bei denen man weiß, dass dort wahrscheinlich Vogelschwärme sitzen. Daniel bewegt sich besonders vorsichtig in den unter Naturschutz stehenden Dünen, denn der Vogelzähler ist sich seiner Verantwortung bewusst. Irgendwann trifft er sich wieder mit Anika, und gemeinsam fahren sie mit dem Bus zurück zum Naturzentrum, nachdem sie ihr zugeteiltes Zählgebiet nach Vögeln durchkämmt haben.

Daniel war bis zu seinem Abitur in Rüsselsheim. Nach der Schule wollte er etwas Praktisches machen und von zu Hause weg, so kam er auf ein freiwilliges ökologisches Jahr. Dann hat er sich gefragt, welches Bundesland er am wenigsten kennt. Das war Schleswig-Holstein. Auf Amrum hat er sich beworben, weil ihn die Nähe zur Natur sofort angesprochen hat. Naturverbundenheit war für Daniel schon während seiner Schulzeit wichtig, konnte er nach langem Lernen seinen Kopf am besten mit seinem Fahrrad in der Natur wieder frei bekommen. An Amrum gefallen ihm der Sternenhimmel und der Winter besonders. „Nachts im Strandkorb in den Himmel zu schauen und die unglaublich vielen Sterne und den leuchtenden Streifen der Milchstrasse zu betrachten, ist absolut ästhetisch. Die Weite des Universums wird einem dann richtig bewusst. Unter Schnee sah alles unglaublich aus und durch meterhohe Schneewehen zu gehen, war einfach toll." Seine Tätigkeit für den Naturschutz hat ihn geprägt: „Man achtet mehr auf seine Umwelt. Wenn ich jetzt Vögel sehe, gucke ich genau hin. Früher haben sie mich gar nicht so interessiert."

Links: Daniel betritt vorsichtig eine Düne, um schwer einzusehende Flächen zu überprüfen

Rechts: Bei Vogelzählungen werden große Gebiete bei jeder Witterung durchwandert

Auch Anika hat ihre Naturverbundenheit von ihren Eltern vorgelebt bekommen. Die ökologische Lebensweise ihrer Familie fand sie während ihrer Pubertät sehr nervig, rückblickend aber ausgezeichnet! Wattführungen machen ihr besonderen Spaß, und sie zeigt gerne Gruppen die Tiere, die dort leben. In ihrer Freizeit geht sie oft abends noch mal an den Strand. Nachts bei Meeresleuchten schwimmen zu gehen, ist ein besonderes Erlebnis für sie. Auf die Frage, was ihr nach ihrem FÖJ fehlen wird, antwortet sie: „Die Ruhe! Mir werden der Ausblick aus meinem Zimmer und die Leute und das Leben in der WG fehlen. Wir hatten nicht ein Mal richtig Streit."

Viele erfahrene Helfer werden zum Möwenzählen in den Brutkolonien benötigt. Hier verschaffen sie sich zunächst eine Übersicht für das vor ihnen liegende Dünental.

Für meine nächste Verabredung mit den Öömis habe ich mir einen wahren Großkampftag ausgewählt, die Möwenzählung in den Amrumer Dünen. An einem Wochenende im Mai kommen zahlreiche ehemalige Zivis, Bufdis, FÖJler, Freiwillige aus den benachbarten Naturschutzvereinen und Wissenschaftler vom Festland, um diese Mammutaufgabe zu stemmen. In jedem Dünental und an jedem Dünenhang müssen die Möwen mit Individuenzahl und Art erfasst werden. Die meisten Möwen brüten in Kolonien und viele von ihnen verstecken sich hinter der teilweise hohen Vegetation und sind nur schwer oder gar nicht zu entdecken. Es hat sich daher eine arbeitsintensive, aber recht genaue Methode für die Möwenzählung etabliert. Eine ausreichend große Gruppe an Helfern geht in ein vorher abgesprochenes Gebiet und sorgt dafür, dass jede Möwe dort auffliegt und somit in der Luft gut zu sehen ist. Dabei gehen die erfahrenen Helfer sehr behutsam vor, um eine Beschädigung der Möweneier zu vermeiden. Damit die Störung möglichst gering ausfällt, verlassen die Helfer das Gebiet schnell wieder. Hierzu muss die Zählung der in der Luft fliegenden Möwen schnell und sicher geschehen, was durch viele erfahrene Zähler gewährleistet wird. Teilweise haben bis zu 16 Leute die fliegenden Möwen gezählt. Die jeweiligen Ergebnisse werden dann gemittelt, was unter den Umständen zu einem recht präzisen Resultat führt. Die Koordination dieses personalintensiven Einsatzes liegt bei Henning, dem Naturzentrumsleiter des Öömrang Ferians. Er entscheidet, welche Flächen in welcher Reihenfolge abgearbeitet werden. Er hat auch ein Auge darauf, dass sich die Helfer bei der schweißtreibenden Arbeit des Möwenauf-

Links: Am Abend nach dem Möwenzählen sitzen alle Helfer nach einem gemeinsamen Grillen um ein Lagerfeuer und genießen die Gemeinschaft

Rechts: Der Naturzentrumsleiter Henning verschafft sich einen Überblick der Möwenkolonie, bevor er seinen zahlreichen Helfern ihre Aufgaben zuweist

scheuchens und dem vergleichsweise ruhigen Zählen der hochgeflogenen Möwen abwechseln. Henning achtet auch penibel darauf, dass die Störung gering ausfällt und entscheidet sich oft genug für eine etwas geringere Genauigkeit der Zahlen zu Gunsten einer kurzen Störung.

Henning kennt Amrum schon lange, hat er doch auch seinen Zivildienst im Naturzentrum des Öömrang Ferians gemacht. Das hat ihm so gut gefallen, dass er sich auch für ein Biologiestudium entschieden hat, allerdings auf Lehramt, denn auch der Umgang mit Kindern und Jugendlichen begeistert ihn. Während seines Studiums hat er freiberuflich als biologischer Kartierer gearbeitet und seine Abschlussarbeit in der Seevogelökologie an der Universität in Kiel geschrieben, wo er dann im Anschluss weiterarbeiten konnte. Danach hat er ein Jahr in einem Planungsbüro im Bereich der Windenergie als biologischer Gutachter gearbeitet, um dann mit seiner Familie nach Amrum zu ziehen. Wenn man Henning bei seiner Arbeit im Naturzentrum beobachtet, fällt auf, wie er sich um die FÖJler und Bufdis kümmert. Darauf angesprochen erwidert Henning: „Ein Jahr hier ist sehr prägend, es ist das erste Jahr weg von zu Hause und dann in so einer Naturkulisse wie Amrum. Es ist schön zu sehen, wie sich die Öömis einarbeiten und als Multiplikator für den Nationalpark und die Natur einsetzen. Ich möchte denen dann auch die Chance geben, dass sie das genauso intensiv erleben wie ich damals. Durch das enge Wohnen in einem Haus übernimmt man natürlich auch ein bisschen private Verantwortung." Ein herausragendes Naturerlebnis hat Henning sofort parat: „Es war ein windstiller Tag im Frühjahr kurz vor dem Abzug vieler Watvögel. Sie sind singend über meinen Kopf geflogen. Zu wissen, dass die Vögel vielleicht am nächsten Morgen in die Arktis fliegen in Kombination mit dem besonderen Licht der Abendstimmung hat dieses Begegnung für mich unvergesslich gemacht."

Am Abend nach der Möwenzählung ist der Hunger groß. Viele Kilometer im unwegsamen Gelände liegen hinter den Mitarbeitern. Im Garten des Naturzentrums wird nun gemeinsam gegrillt. Auch Henning steht eine lange Zeit am Grill und sorgt dafür, dass seine Mitkämpfer ein leckeres Essen auf ihre Teller bekommen und satt einschlafen können, denn morgen früh geht es mit den noch nicht erfassten Dünengebieten Amrums weiter.

SINA, STUDENTIN DER MEERESWISSENSCHAFTEN

Sie kartiert die Amphibien der Insel Amrum für ihre Masterarbeit

Links: Sina sucht im „Dschungel" eines Dünensees nach einem guten Platz für ihre Lebendfalle für Teichmolche

Rechts: Sina und Anika beim Kontrollieren einer Teichmolchfalle in einem feuchten Dünental

Eine der ehemaligen FÖJler vom Öömrang Ferian, die bei der Möwenzählung mitgemacht hat, ist Sina. Sie ist aber nicht nur für das Möwenkartieren nach Amrum gekommen, Sina ist auf Amrum für das Amphibienmonitoring verantwortlich. Das heißt, sie versucht jede Amphibie auf Amrum zu erfassen, das sind Kreuzkröten, Moorfrösche und Teichmolche. Wie kommt man dazu, eine so ungewöhnliche Tätigkeit auf Amrum auszuüben?

Vielleicht ist ihr Shetlandpony schuld, welches sie bekommen hat, als Sina drei Jahre alt war. „Dann war ich nur noch draußen! Aber auch sonst blieb meinen beiden Schwestern und mir nichts anderes übrig, als an der frischen Luft zu sein, weil uns unsere Eltern auf Wanderurlaube durch die Pampa mitgenommen haben oder wir den heimischen Wald durchstreift haben", lacht Sina. Schnell stand nach dem Abitur fest, dass sie ein ökologisches Jahr machen will, gerne am Meer. Nachdem sie überall an der Küste gesucht hatte, hatte sie sich auch auf Amrum beworben. „Ich kannte Amrum überhaupt nicht, hatte aber voll Bock auf eine Insel. Es hat geklappt. Gleich bei meinem Bewerbungsgespräch habe ich eine Brutvogelkartierung mitgemacht. Das hat total Spaß gemacht, obwohl ich erst noch lernen musste, was ein Austernfischer ist. Das FÖJ war das beste Jahr überhaupt! Ich habe jeden Tag genossen. Wir haben uns alle verstanden und waren ein Superteam. In dem ersten Jahr ohne Eltern und mit vielen eigenständig vorgetragenen Führungen bin ich selbstständiger und selbstbewusster geworden. Ich wurde mir auch klar darüber, was ich weiter machen will, ein Studium der Geowissenschaften sollte es werden." Inzwischen hat Sina ihren Bachelor of Science in Geowissenschaften längst in der Tasche und forscht gerade zu ihrer Masterarbeit in Meereswissenschaft. „Bei der letzten Möwenzählung vor einem Jahr saß ich mit Henning zusammen und er berichtete davon, dass die Amphibien auf Amrum kartiert werden sollen. Ich brauchte damals noch was für meine Masterarbeit und Schwups hatte ich ein Thema. Eigentlich sind die Amphibien als Forschungsgegenstand totaler Zufall. Jetzt finde ich es genial und hätte

Links: Sina misst die Temperatur eines Dünengewässers und Anika notiert den Messwert

Rechts: Gerade eben kartierter Teichmolch auf Sinas Daumen

nie gedacht, dass mich Amphibien so begeistern. Normalerweise konzentriert sich die Meereswissenschaft eher auf Mikrozeugs wie Bakterien. Mit Kröten, Molchen und Fröschen mache ich die ‚großen Sachen', was Handfestes. Dadurch ist man einen großen Teil der Zeit draußen und nicht in einem Labor." Aber wie kann man sich das Amphibienkartieren vorstellen? Kröten und Co leben ja viel versteckter als beispielsweise Vögel und sind teilsweise auch nur in der Dämmerung aktiv, also noch schwerer zu entdecken. Tatsächlich wird jede Art in wirklich unterschiedlicher Weise gezählt. Mit großem Staunen konnte ich Sina bei ihrer Arbeit zuschauen.

Um Teichmolche nachzuweisen, hat sie Lebendfallen gebaut und in potentiell interessanten Gewässern platziert. Diese Fallen bestehen aus einem Eimer, in den sie vier Flaschenhälse so angebracht hat, dass die Molche in den Eimer rein-, aber nicht mehr hinausschwimmen können. In dem Eimer ist kein Köder oder irgendetwas anderes, die Teichmolche schwimmen aus reiner Neugier in den Eimer. Damit sie nur kurz in Gefangenschaft geraten, werden die Eimer spätestens nach 24 Stunden geleert und an ein anderes Gewässer des Interesses gebracht. Annika hilft ihr dabei, beide ziehen sich ihre wasserdichten bis über die Hüften reichenden Wathosen an und dann geht es in den Teich. Auch ich habe solch eine Wathose an und muss mich noch an das Umherstaksen in dem krautigem Gewässer gewöhnen und folge den beiden, die sich wesentlich sicherer und routinierter bewegen als ich. In der ersten wie auch in der zweiten „Falle" sind Teichmolche, die vorsichtig mit der Hand wieder in die Freiheit ihres Heimattümpels entlassen werden. Eine entsprechende Notiz in die Aufzeichnungen von Sina hält dies für ihre wissenschaftliche Arbeit fest, die Teichmolche sind also auch für dieses Gewässer nachgewiesen. Dies ist keine Überraschung, sind sie doch fast in jedem Dünental auf Amrum zu finden. Der an einen Minidinosaurier erinnernde Molch liebt vegetationsreiche krautige Gewässer mit Schilf und Kriechweide, denn dort kann er sich gut verstecken.

Nahansicht eines Laichballens vom Moorfrosch

Aus der Lebendfalle befreiter Teichmolch wird wieder in sein Heimatgewässer entlassen

Links: Sina bestimmt die Gewässerqualität eines Sees in den Vordünen auf dem Strand von Amrum

Rechts: In der Abenddämmerung beginnt die Suche nach Kreuzkröten

Die Moorfrösche und Kreuzkröten sind auf der roten Liste und deswegen im Fokus von Sinas Arbeit. Fragt man Sina nach den Besonderheiten des Moorfrosches, antwortet sie: „Während der Laichzeit können die Männchen blau sein, um ihre Partnerin zu beeindrucken. Ihre Lautäußerungen gehen nicht über ein Blubbern hinaus, so ähnlich wie ein verstopftes Abflussrohr. Sie blubbern gerne am Tag bei Sonnenschein." Der Moorfrosch liebt auch wasserpflanzenreiche Gewässer, an denen er seine Laichballen ablegt. Und genau diese Laichballen sucht Sina in den Gewässern und zählt diese, um sich einen Eindruck von den Moorfroschbeständen zu machen. „Die Zahlen auf Amrum sind nicht ganz so schlecht wie befürchtet, aber trotzdem leider besorgniserregend. Waren es 2003 noch 2000 Laichballen, sind es 2018 nur noch 500." Begleitet man Sina bei ihrer Suche nach den Laichballen, wähnt man sich eher in einem Dschungel aus Schilf als in kleinen Tümpeln in den Dünentälern einer Nordseeinsel.

Kreuzkröten kartiert man am besten nachts mit der Taschenlampe, da sie dann ihre Paarungsrufe erklingen lassen

Eine der erfassten Kreuzkröten

Sinas Arbeitsplatz unter Sternen

„Mein Highlight sind die Kreuzkröten in den Strandseen. Bisher wurde die Kreuzkröte hier noch nicht nachgewiesen, nur im Inselkern. Sie lieben Gewässer mit wenig Vegetation und sandigen Böden, daher haben die Strandseen vor den Dünen eigentlich die perfekten Lebensbedingungen für Kreuzkröten. Das war total cool, ich bin abends dort hin, wahrscheinlich ist da nichts, aber probieren kann man ja mal. Dann habe ich die Kreuzkröten rufen gehört, und das klang nicht mal nach wenig. Also Wathose an und rein ins Gewässer und dort hab ich dann auch einige gesehen. Habe auch gleich Henning in seinem Urlaub angerufen und der war auch ganz begeistert. Dann kam ein Gewitter und ich musste das Zählen abbrechen. Am nächsten Abend war ich wieder da und habe 41 Kreuzkröten gezählt! Immer gehört, woher es ruft und dann mit der Taschenlampe hingeleuchtet, um die kleinen Tiere zu zählen."

Da die Kreuzkröten am Tage recht versteckt leben und nur am späten Abend auf Partnersuche gehen, muss auch Sina abends und nachts aktiv werden. Aber dann rufen die Kreuzkröten so intensiv, dass sie bei Windstille über Kilometer zu hören sind. Meist ist Sina alleine unterwegs, aber manchmal wird sie unterstützt und dann hilft beispielsweise Henning mit, ein Gewässer mit der Taschenlampe nach Kreuzkröten zu durchsuchen. Auf jeden Fall ist es ein bemerkenswerter Anblick, wenn Sina in einem Strandsee steht und mit einem Licht nach Kreuzkröten sucht und über ihr die Sterne leuchten. „Die größten Vorkommen der Kreuzkröte in Schleswig-Holstein sind auf Sylt. Auf dem Festland gibt es sie kaum noch. Vielleicht wird mein Material helfen, laufende Schutzmaßnahmen zu unterstützen. Das würde mich sehr freuen, da mir die Amphibien durch meine Arbeit viel bedeuten."

FAHRRADVERLEIHER UND WINDSURFER NILS

Er versorgt Touristen der Insel Amrum mit umweltfreundlichen Verkehrsmitteln und misst sich bei viel Wind gerne mit den Elementen

Links: Nils beim Instandsetzen eines seiner Fahrräder

Rechts: Abschluss eines Mietvertrages für zwei Fahrräder

Nils ist Wahlinsulaner. Aufgewachsen ist er im Harz, aber nach der Schule in Sachsen-Anhalt zu bleiben, kam für ihn nicht in Frage, die große Freiheit rief. Sein Vater surfte viel und hat so Onkel Jörg und Nils angesteckt. So kam es, dass der Onkel am Norddorfer Strand von Amrum als Surflehrer arbeitete. Nils wollte auch auf dieser schönen Insel wohnen und begann eine Lehre zum Koch in einem Amrumer Hotel. Insgesamt war die Hotelküche über 10 Jahre sein Arbeitsplatz, und Amrum wurde sein Lebensmittelpunkt. „Man will in die Welt, aber von Jahr zu Jahr fühle ich mich Amrum immer verbundener."

Onkel Jörg hatte inzwischen den Fahrradverleih „Windstärke 13" auf der Insel aufgebaut und Nils vor einiger Zeit angeboten, diesen zu übernehmen. Nach einem „Reinschnuppern" in die neue Arbeit war die Übernahme beschlossen! „Jetzt bin ich Inhaber von Windstärke 13. Ich kann nicht klagen, es läuft super. Es war viel Arbeit, aber es hat sich gelohnt!"

Die Schrauberei an den Fahrrädern und die Kommunikation mit den Kunden machen ihm Spaß. „Man baut mit seinen zwei Händen was zusammen, was nachher funktioniert. Ich muss genau sein, manche Sachen müssen auf den Millimeter stimmen." Aber auch wegen den umweltfreundlichen Aspekten von Fahrrädern identifiziert sich Nils mit seiner Arbeit: „Mein Bewusstsein für unseren Planeten wächst, und wir haben leider schon viel kaputt gemacht. Daher finde ich es super, dass meine Fahrräder ein umweltschonendes Fortbewegungsmittel sind. Auf Amrum kann man alles gut erreichen und deswegen ist die Insel wie dazu gemacht, das Auto stehen zu lassen." Genauso wie vor ihm Jörg benutzt auch Nils gerne Stahlrahmen für seine Fahrräder. Nicht nur wegen der Stabilität und Laufruhe, sondern auch wegen der umweltschonenden Herstellung im Vergleich zu Aluminium. Nach Feierabend steigt Nils auch gerne auf das Rad. „Die Fortbewegung mit der eigenen Kraft und die Energieübertragung von den Pedalen über die Kette zur Felge faszinieren mich. Außerdem ist die Freiheit in der Natur ein schöner Ausgleich zum Job."

Ein Baudenzug wird auf die richtige Länge gebracht

Auch präzises und sorgfältiges Arbeiten gehören zur Tätigkeit eines Fahrradmechanikers

Nordseewelle aus der Perspektive eines Windsurfers

Wenn der Wind richtig weht, dann ist Nils mit einem Segel in der Hand auf einem Surfbrett auf der Nordsee vor Amrum zu finden. Wenn er von seiner Surf-Leidenschaft erzählt, fangen seine Augen an, zu leuchten. „Überhaupt da draußen zu sein, ist irre. Dahinten an Land sind meine Sorgen und hier bin ich. Es rauscht und tobt. Ich spüre alles, bin komplett da. Man hört die Welle hinter sich, es kracht. Ich fühle den Wind, jede Bö. An manchen Tagen ist es weich, dann hat man glatte Wellen, dann funktionieren Sprünge besonders gut. Man braucht dafür perfekte Wellen, die sind selten. Dann kommt eine, man muss schnelle Entscheidungen treffen, wie nehme ich die Welle. Manchmal möchte man zu viel, zu hoch springen. Man belastet die Kante vom Brett falsch. Anstatt die Sache locker anzugehen und zu genießen, gibt es eine harte Landung." Beobachtet man Nils und seine Freunde beim Surfen, kann man nur staunen. In wahnwitziger Geschwindigkeit brettern sie über die Wellen und trotz der ungeheuren Kräfte, die da wirken müssen, strahlt es Leichtigkeit aus. Ihre Halsen fahren sie in weiten Bögen ohne sichtbaren Geschwindigkeitsverlust, um stets schnell über das Wasser zu gleiten. Wenn eine passende Welle zum Reiten entdeckt wurde, können sie auch auf kleinstem Raum ruckartig ihre Kurse wechseln, um dann sensibel die richtige Stelle auf der Welle anzufahren. Und wenn sie springen, dann verwandeln sich ihre Surfbretter in Flugzeuge! Scheinbar wird der Schwerkraft getrotzt und

Nils hat sein Surfbrett aufgebaut und
freut sich auf eine schöne Zeit auf dem Wasser

Auf dem Weg auf die offene Nordsee muss Nils erst durch die Brandung am Strand

Links: Auch bei einem starken Sturm gehen Nils und seine Freunde windsurfen. Der Transport zum Strand im fliegenden Sand kann auch einen begeisterten Wassersportler auf die Probe stellen.

Rechts: Nils auf der sturmgepeitschten Nordsee zwischen Amrum und Sylt. Im Hintergrund ist der Leuchtturm von Hörnum zu sehen.

die Surfer finden sich in einer Höhe über dem Wasser wieder, die sonst nur von höheren Sprungtürmen bekannt ist. Man stelle sich nur kurz vor, mit einem Surfbrett samt Segel von einem Fünfmeterturm geschubst zu werden. Aber die erfahrenen Surfer scheinen ihr Segel in eine Tragfläche zu verwandeln und landen kontrolliert und vergleichsweise sanft auf dem Wasser und weiter geht's. Sogar Loopings werden von Nils und seinen Amrumer Surffreunden „geflogen". Für Nils ist die Gruppe wichtig. „Wir teilen die gleiche Leidenschaft und verstehen uns gut. Man ist nicht allein und die anderen können einem im Ernstfall auch helfen. Dann muss ich mich auf den anderen verlassen und dadurch entsteht ein starke Gemeinschaft, eigentlich eine Brüderschaft."

Ein anderer Tag am Strand. Wieder sind Nils und seine Freunde am Surfen. Aber heute ist es stürmisch. Immer wieder werde ich umgeweht. Fotografieren geht nur im Windschutz einer alten Strandhütte, die verdächtig wackelt. Auch dicht vor einem stehende Gesprächspartner muss man anschreien. Der schnell fliegende Sand ist überall. Nur mit stark zusammen gekniffenen Augen kann man seine Umgebung betrachten. Aber das ist alles nichts gegen die Aufgaben der Surfer. Sie müssen ihre Segel und Bretter zum Strand tragen, ohne weggeweht zu werden. Am Wasser angekommen, werfen sie sich auf ihr Material, damit es dableibt. Ja, und dann müssen sie sich beim Surfen irgendwie auf dem Brett halten. Fragt man Nils, warum er heute surft, schreit er einem folgendes zu: „Heute ist alles knüppelhart. Jeder Fehler wird bestraft, jeder Sturz tut weh. Ich will mich mit der Natur messen. Sie kann mich auch mal durchschütteln, aber ich will ein Teil davon sein. Schön, dass alle von den Jungs dabei sind und Spaß haben." Dass das Surfen heute nicht ganz ungefährlich ist, wissen Nils und seine Freunde. Sie riskieren heute auch nicht so viel, man sieht sie gar nicht oder nicht so hoch springen. Ein paar Sorgen macht sich Nils Freundin auch, aber sie weiß auch, wie es Nils nach dem Surfen geht. Er kommt befreit und energiegeladen zurück. Energie, die er auch für seine Arbeit im Fahrradverleih haben will.

CLAUDIA UND JÜRGEN VON HALLIG OLAND

Sie leben auf einer Hallig mit nur 17 Einwohnern

Links: Impression einer Halliglorenfahrt

Rechts: An einer Ausweichstelle hat Claudia eine andere Lore passieren lassen und muss für die Weiterfahrt die Weiche stellen

„Woran denkst du als erstes, wenn du ans Lorefahren denkst?" „An mich", antwortet Claudia ohne zu überlegen und lacht dann herzhaft. „Ich fahre mitten durch das Wattenmeer, eine herrliche Landschaft. Ich fahre auch gerne nachts, eine schöne Stimmung, über mir die Sterne. Man sieht überall die Lichter. Föhr zum Beispiel, die machen nie das Licht aus, das sieht aus wie Adventsbeleuchtung. Manchmal sieht man ein Licht und weiß nicht, was das ist. Dann rätselt man. Nachts fühlt man sich besonders alleine. Wenn was mit der Lore ist, will man ja auch keinen aus dem Bett holen. Habe meine kaputte Lore auch schon nach Hause geschoben, da war ich drei Stunden unterwegs."

Eine Leiche hat Claudia auch schon beim Lorefahren entdeckt. Es hat genieselt und sie hat ihren Kopf ein bisschen aus dem Fahrtwind gedreht und zur Seite auf den Lorendamm geschaut. Mit einem Mal erblickte sie eine Schaufensterpuppe und dachte sich, dass man die ja mitnehmen könnte. Noch während des Bremsens bemerkte sie ihren Irrtum. Nach

der Benachrichtigung der Leitstelle vergingen noch zweieinhalb Stunden, bis die Kriminalpolizei und der Bestatter ankamen. In der Zwischenzeit wollten noch Langeneßer mit ihrer Lore passieren, was aber auf der eingleisigen Strecke nur ging, weil sie Claudias Lore mitgenommen haben. So saß Claudia alleine ohne Lore auf dem Lorendamm, aber in Gesellschaft einer Leiche, mitten im Wattenmeer zwischen Dagebüll und Oland, und wartete. Sie gibt zu, dass sie beim Lorefahren schon viel erlebt hat, aber diese Warterei sei schon bemerkenswert gewesen.

Claudia wohnt zusammen mit ihrem Mann Jürgen auf Hallig Oland und sie brauchen die Lore wie „normale" Leute ihr Fahrrad oder Auto. Wovon lebt man eigentlich auf einer Hallig? Im Falle von Claudia und Jürgen braucht man einen langen Atem, will man ihre Aufgaben in einem Satz nennen. Zusammen betreiben sie eine Pension mit Vollverpflegung und Landwirtschaft mit Rindern und Hühnern. Claudia ist auch noch Küsterin, Krankenschwester, Physiotherapeutin, Atemschutzträgerin in der Feuerwehr Olands und sie leitet die Warftgemeinschaft. Jürgens zusätzliche Aufgaben lauten: Hilfsleuchtturmwärter, Jagdpächter Olands und Fischer. Nun habe ich doch drei Sätze gebraucht, ich bitte um Verständnis.

Jürgen nimmt mich zu einem seiner Arbeitsplätze mit, dem vermutlich weltweit einzigen reetgedeckten Leuchtturm der Welt. Zugegeben, er ist nicht gigantisch, aber eben einmalig. Er ist in seiner Familie in dritter Generation Leuchtturmwärter und kümmert sich liebevoll um den Betrieb. Er putzt regelmäßig die Optik, kontrolliert die Lampen und den Zustand der Batterien, die bei einem Stromausfall für den unterbrechungsfreien Betrieb sorgen.

Für seine Ausbildung zum Landmaschinenmechaniker hat er die Hallig als Jugendlicher verlassen. Die Arbeit wurde knapp und Jürgen ging für 18 Monate zur Bundeswehr. Es schlossen sich zehn Jahre Tiefbau an, währenddessen er auch beim Bau von Fähranlegern auf Föhr, Amrum,

Seite 134, links: Claudia und Jürgen vor dem in einer „Nacht- und Nebelaktion" angebrachten Schild ihres Ferienhauses

Seite 134, rechts: Das Licht vom einzigen reetgedeckten Leuchtturm, einem Arbeitsplatz von Jürgen

Seite 135: Der Leuchtturmwärter Jürgen beim Putzen der Leuchtfeueroptik

Schlüttsiel und Hörnum mitwirkte. Dann konnte Jürgen endlich zurück auf seine Hallig Oland. „Hier fehlte ein Erbe, und ich bin sowieso Halligkind, und dann wollte ich auch wieder rüber. Mir fehlt hier eigentlich nichts," fasst es Jürgen zusammen.

Claudia war vier Jahre alt, als sie das erste Mal mit ihren Eltern und Geschwistern auf Hallig Oland ihre Sommerferien verbrachte. Viele weitere Sommeraufenthalte mit Rumtoben und Heuernte schlossen sich an und oft spielte sie damals mit Jürgens Bruder. Auch mit ihren eigenen Kindern kam sie im Sommer nach Oland. Als die Kinder schon groß und selbstständig waren, heiratete sie den einzigen Junggesellen Olands. Kein leichter Schritt, hatte sie doch auf dem Festland einen guten und sicheren Job, den sie mochte. Auf Oland angekommen, baute sie eine Pension mit Vollverpflegung auf. Dazu gehörte dann auch das Aufhängen eines Schildes, welches den Weg zur Pension weist und im weitesten Sinne als Werbung verstanden werden könnte. So etwas gab es bis dahin noch

Mit Gelassenheit wartet Jürgen auf seiner Lore,
bis die Deichschafe die Gleise frei machen

Die einzige Warft der Hallig Oland

Claudia bei ihren Hühnern. Die Eier sind Teil der nachhaltigen Ernährung ihrer Pensionsgäste

nicht auf Oland. Als Claudia ihren frischgebackenen Mann Jürgen darum bat, das Schild anzubringen, verschob er das Vorhaben, bis es dunkel war. Ich frage Claudia, ob sie inzwischen angekommen ist. Sie lacht: „Ja, ich fühl mich hier sehr wohl. Aber Oländer bist du erst, wenn du hier in der Küche auf dem Tisch geboren bist."

„Nach Oland kommen Gäste ganz unterschiedlichen Alters, aber alle haben gemeinsam, dass sie die Natur lieben. Partygäste, die auch nach Föhr und Amrum fahren, kommen hier nicht an. Die Gäste sind ein Segen! Wenn wir nur unter uns wären, würde hier vermutlich mehr zur Flasche gegriffen werden. Wir bekommen so viel Input und der Geist ist angeregt. Wenn es zu viel wird, ist das Jammern auf hohem Niveau. Du kannst ja soviel arbeiten, wie du willst. Du kannst auch nur wenige Gäste aufnehmen. Was soll denn die arme Socke vom Festland sagen, die acht Stunden irgendwo arbeiten muss, jeden Tag zwei Stunden pendelt und dann auch noch gemobbt wird?"

Seit sechs Jahren kümmern sich Claudia und Jürgen auch um Hühner. „Nicht nur wegen der Eier", betont Claudia, „man bewegt sich draußen und man produziert Bio-Eier. Es passt zu unserem Konzept. Entstanden ist die Idee eigentlich, um Müll zu reduzieren. Die Abfallvermeidung ist in aller Munde. Man muss auch selbst was machen und nicht auf die anderen warten. Wir müssen anfangen, jeder bei sich selbst. Wenn man in der Natur lebt, dann ist das klar! Leider kommen hier auch immer wieder Luftballons an, die zum Beispiel bei Hochzeiten haufenweise fliegen gelassen werden. Wir müssen dann den Müll aufsammeln, weil sonst unsere Kühe die niemals verrottenden Schnüre mit dem Gras aufnehmen würden."

Auch von Jürgen werde ich einmal mit der Lore aus Dagebüll abgeholt. Mein Gepäck und meine Fotoausrüstung werden liebevoll auf die Lore geschmissen und los geht es. Die Lore rattert schlingernd über die Schienen, die nur selten schnurgerade verlaufen. Ich habe von Jürgen ein

Eine Nachtfahrt mit der Halliglore ist ein besonderes Erlebnis. In einer sternenklaren Nacht kann man die Milchstrasse und wie hier links im Bild den Mars beobachten.

Sitzkissen bekommen, welches die gröbsten Erschütterungen für mich dämpft. Diesen Luxus hat mein Gepäck nicht und ich werde während der Fahrt noch oft an meinen Laptop und losgeschüttelte Festplatten denken. Wir fahren über den Deich in Dagebüll und Jürgen bremst mehrmals auf unter Schrittgeschwindigkeit ab, weil Schafe auf den Gleisen dösen und erst in der ihnen eigenen Geschwindigkeit aufstehen müssen. Die Lore folgt nun den Schienen auf einem Damm durchs Wattenmeer. Bei höheren Wasserständen liegen die Schienen unter Wasser und der „Bahnbetrieb" muss dann ruhen. Am Horizont ist die Hallig Oland zu erahnen, und wir schaukeln ihr entgegen. Jürgen berührt meinen Arm und zeigt mir linker Hand einen Pfahl, auf dem ein Wanderfalke ruhig zuschaut, wie wir in ca. 20m Entfernung an ihm vorbeirumpeln. Kurze Zeit später zeigt er mir auf der rechten Seite eine Albino-Stockente in ähnlicher Entfernung, und ich ärgere mich inzwischen stark, dass ich kein Teleobjektiv dabei habe. Wir kommen an eine Stelle, an der die Gleise über eine Art Brücke verlaufen. Jürgen wird langsamer, und er schaut konzentriert auf das Watt neben der Strecke. Da! Er zeigt mir die Spuren eines Fuchses, der auf dem Weg nach Oland den Lorendamm bei der Brücke verlassen und das kleine Stück durchs Watt gehen musste. Jürgen freut sich nicht über diese Spur, denn der Fuchs kann unter den brütenden Vögeln auf Oland große Verluste verursachen, und als Jagdpächter Olands achtet er auch auf den Schutz der heimischen Vögel.

DANKSAGUNG

Zuerst gilt mein herzlicher Dank natürlich meinen geduldigen und stets gutgelaunten und eben nie genervten Protagonisten: Der Halligkutscherin Eilien Brogmus, der Mannschaft des Tonnenlegers „Amrumbank", Ingo Jessen, Lena Blohm, Fetja Sören Fanger, Felix Heinrich, Thomas Rickerts, Jochen Petersen, Nigg Siebert, dem fotografierten Teil der Besatzung des Seenotrettungskreuzers „Ernst Meier-Hedde", Sven Witzke, Bernd Zimmermann, Benedikt Steffensen, Thomas Berndt, Hark Seesemann, Lars Peter Jensen, Jens Kassa, Norman Peters, Kay Seesemann, Andreas Zawieja, den Hubschrauberbesatzungen des Marinefliegergeschwaders 5, die um ihre teils internationalen Einsätze nicht zu gefährden, namentlich nicht erwähnt werden wollen, der Hubschrauberbesatzung von Northern Helicopter, Rüdiger Fraun, Michael Bes, Bertrand Hoeborn, Dr. Thomas Oliver Zugch, dem Fahrradverleiher Nils Hoppe und seinen zahlreichen Wassersportfreunden wie Jule Koch und Felix Krause, den Mitarbeitern des Naturzentrums des „Öömrang Ferian", Henning Vollmer, Hannah Göttner, Paul Wörner, Daniel Drews, Anika Mayr, Sina-Katharina Wohlgemuth, den Hallig Oländern, Claudia und Jürgen Nommensen, den Mitarbeitern der „Bootswerft Hein", Steffen Radtke, Levke Timm-Finke, Max Billerbeck, Jahn Erik Busch, Kim Michaelis und zahlreichen Pirat-Seglern, wie Katharina Lehmann, Marten Tadsen, Nick Jürgensen und dem 33fachen deutschen Meister in verschiedenen Bootsklassen, Frank Schönfeldt und den fotografierten Mitarbeitern der Amrumer Arztpraxis, Dr. Claudia Derichs, Sophie Voß und Dr. Peter Totzauer.

Bei der Erstellung dieses Buches hat mir die freundliche und unkomplizierte Zusammenarbeit mit den Verantwortlichen für verschiedene Institutionen sehr geholfen. Da wären Wolfgang Stöck vom Wasserstraßen- und Schifffahrtsamt, der Pressesprecher der „Deutschen Gesellschaft zur Rettung Schiffbrüchiger" Christian Stipeldey, genauso wie Sönke Dorn von „Northern Helicopter" oder die Mitarbeiter vom Presse- und Informationszentrum der Bundesmarine zu nennen.

Es freut mich sehr, dass mir Nick Jürgensen und Bertrand Hoeborn erlauben, von ihnen fotografierte Bilder für dieses Buch zu benutzen.

Jens und Leif Quedens vom „Quedens Verlag" danke ich für ihre Kooperation gleichermaßen wie Roland Fischer für das Lektorat meiner fehlerhaften Texte und Sascha Klahn für seine unendliche Geduld und sein Gespür für ein ansprechendes Layout des Buches. Auch über das freundliche Vorwort von Hark Bohm habe ich mich sehr gefreut, vielen Dank.

Nicht zuletzt will ich mich bei meiner lieben Familie für das Ertragen von all jenen Umständen, die mit dem Entstehen eines solchen Buches zusammenhängen, bedanken. Mal war ich ein unzufriedener Fotograf, der in einer guten Situation gepfuscht hat, ein anderes Mal hat die Technik versagt, weil sie nass wurde oder herunterfiel und ich meine Bildideen nicht so verwirklichen konnte, wie ich es mir vorstellte. Ich fürchte, dass ich so manches Mal meine ruhende Mitte wieder finden musste. Egal was passierte, meine Kinder Sina und Ole haben trotzdem mit mir Lego gespielt und meine Frau Julia hatte immer noch ihr schönes Lächeln und eine Umarmung für mich. Mein Sohn Ole unterstützte mich auch als Kamera-Assistent, auch wenn er dabei von riesigen „Halligkutschpferden" geschubst und angeknabbert wurde.

Foto: Nick Jürgensen

ÜBER MICH

Nachdem ich sechs Jahre als Ingenieur in der optischen Industrie gearbeitet hatte, ließen mich meine Leidenschaften für die Naturfotografie und die Nordsee nach einer Arbeit in unmittelbarer Nähe zum Wattenmeer suchen. Seit 2009 wohne ich mit meiner Frau und zwei Kindern auf meiner Trauminsel Amrum und arbeite hier als Lehrer. Es freut mich sehr, dass ich schon unter den Preisträgern beim „Europäischen Naturfotografen des Jahres" und dem „Birdphotographer of the Year" war. 2017 ist mein erstes Buch „Ab nach draußen" im Quedens-Verlag erschienen.

Eigentlich sehe ich mich eher als Naturfotograf, und die Portrait- und Reportagefotografie waren Neuland für mich. Umso dankbarer war und bin ich für meine geduldigen und freundlichen Protagonisten. Das Fotografieren und die Interviews für dieses Buch haben mir riesigen Spaß gemacht, auch weil ich mir selbst uralte Wünsche erfüllen konnte. Ich durfte mit der Halliglore mitfahren, auf tollen Schiffen den Alltag miterleben und vieles mehr. Nebenbei habe ich sehr interessante und sympathische Menschen kennengelernt, die sich hoffentlich annähernd so dargestellt sehen, wie sie es verdienen.

IMPRESSUM

© Verlag Jens Quedens, Insel Amrum, 2019

Druck / Bindung: CPI books GmbH, Leck, Deutschland
Gestaltung / Layout: Sascha Klahn, www.saschaklahn.com
Lektorat: Roland Fischer

Alle Fotografien, Grafiken und Texte in diesem Buch:
© Sven Sturm, wenn nicht anders gekennzeichnet.

Die Fotografien dieses Buches wurden digital nicht manipuliert, d.h. es sind keine Bildinhalte entfernt oder hinzugefügt worden. Aus drucktechnischen Gründen muss das Titelbild über die Titelseite umgeschlagen werden. Um das im Originalbild am Bildrand enthaltene Spiegelbild der Person trotzdem zu zeigen, wurde das Titelbild geringfühig nach unten ergänzt.

Die Aufnahme der jungen Kegelrobbe auf Seite 93 wurde mit Genehmigung des verantwortlichen Naturschutzvereins angefertigt.